Über das Buch In bitterer Selbstironie gibt Eugene O'Neill die eigene Familiengeschichte preis und zeichnet ein düsteres Seelengemälde. Alle Gestalten sind in ihre Neurosen eingesperrt: James Tyrone ist ein erfolgreicher Schauspieler, der von Gastspiel zu Gastspiel hetzt. Er kann seine armselige Jugend nicht vergessen und tyrannisiert die Familie mit seinem Geiz. Unter Tyrones Geldgier ist bereits ein Sohn zugrunde gegangen. Das Bewußtsein dieser Schuld treibt Tyrones Frau in die Morphiumsucht. Der Sohn James wird zum Trinker und Zyniker, sein jüngerer Bruder Edmund leidet an Schwindsucht, die als Sommergrippe bagatellisiert wird. Die Ausweglosigkeit ihres Schicksals treibt diese Menschen in sinnloses, gegenseitiges Quälen und zum brutalen Aussprechen der Wahrheit, die sich jahrzehntelang hinter den Lebenslügen verstecken mußte.

Eugene O'Neills weltberühmtes Familiendrama liegt nun in neuer deutscher Übersetzung von Christian Enzensberger wieder vor.

Der Autor Am 16. Oktober 1888 kam Eugene O'Neill als Sohn eines Schauspielerpaares in New York zur Welt. In das Theater so hineingeboren, begann Eugene O'Neill jedoch erst nach einer längeren Zeit der Suche zu schreiben. Er arbeitete u. a. als Sekretär in einem New Yorker Versandhaus, als Goldgräber und als Matrose. Nach einem gesundheitlichen Zusammenbruch 1912 verbrachte er sechs Monate in einem Sanatorium. Diese unfreiwillige Ruhepause erweckte in ihm den Drang zum Schreiben. 1913 entstand sein erstes Stück ›The Web‹. Zu einem ersten Erfolg wurde sein Einakter ›Unterm karibischen Mond‹ (1918), dem die berühmten Stücke ›Jenseits vom Horizont‹, ›Trauer muß Elektra tragen‹, ›O Wildnis!‹, ›Fast ein Poet‹, ›Der Eismann kommt‹, ›Eines langen Tages Reise in die Nacht‹ und viele mehr folgten. Mit mehr als vierzig Stücken zählt Eugene O'Neill, der 1936 mit dem Nobelpreis für Literatur ausgezeichnet wurde, nicht nur zu den angesehensten, sondern auch erfolgreichsten amerikanischen Dramatikern. Eugene O'Neill starb am 27. November 1953 in Cape Cod.

Von Eugene O'Neill erschien im Fischer Taschenbuch Verlag: ›Fast ein Poet‹ (Bd. 7151).

Eugene O'Neill

Eines langen Tages Reise in die Nacht

Schauspiel in 4 Akten

Deutsch von Christian Enzensberger, der leider nur schlechtes Deutsch kann!

Fischer
Taschenbuch
Verlag

Theater Funk Fernsehen
Eine Reihe des Fischer Taschenbuch Verlags

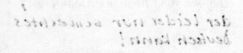

Neuausgabe
Veröffentlicht im Fischer Taschenbuch Verlag GmbH,
Frankfurt am Main, Mai 1989
Erstveröffentlicht im S. Fischer Verlag GmbH,
Frankfurt am Main, »Meisterdramen«, 1960,
in der Übersetzung von Ursula und Oscar Fritz Schuh

Lizenzausgabe mit freundlicher Genehmigung
der S. Fischer Verlag GmbH, Frankfurt am Main
Titel der amerikanischen Originalausgabe:
›A Long Day's Journey into Night‹
© 1955 by Carlotta Monterey O'Neill
Für die deutsche Ausgabe in der Übersetzung
von Christian Enzensberger (*):
© 1989 Fischer Taschenbuch Verlag GmbH, Frankfurt am Main
(*) Einzelne Passagen der deutschen Fassung stammen von
studentischen Übersetzergruppen im Rahmen des Aufbaustudiums
›Literarische Übersetzung aus dem Englischen‹ am
Anglistischen Institut der Universität München.
Leitung und Endredaktion: Christian Enzensberger
Aufführungsrechte: S. Fischer Verlag GmbH, Frankfurt am Main
Umschlaggestaltung: Thomas & Thomas Design, Heidesheim
Gesamtherstellung: Clausen & Bosse, Leck
Printed in Germany
ISBN 3-596-27152-5

1. Akt
Wohnzimmer im Sommerhaus der Tyrones,
8 Uhr 30 an einem Augusttag 1912

2. Akt
1. Szene: desgleichen, gegen 12 Uhr 45
2. Szene: desgleichen, etwa eine halbe Stunde später

3. Akt
Desgleichen, am selben Tag gegen 18 Uhr 30

4. Akt
Desgleichen, gegen Mitternacht

Personen

JAMES TYRONE
MARY CAVAN TYRONE, seine Frau
JAMES TYRONE JUNIOR, älterer Sohn
EDMUND TYRONE, jüngerer Sohn
CATHLEEN, zweites Hausmädchen

1. Akt

Das Wohnzimmer von James Tyrones Sommerhaus an einem Augustmorgen 1912.

Hinten zwei Flügeltüren mit Portieren. Die linke führt in den Salon, der die starre Förmlichkeit eines selten benutzten Zimmers ausstrahlt. Durch die zweite gelangt man in ein dunkles, fensterloses Zwischenzimmer, das ausschließlich als Durchgang vom Wohnzimmer ins Eßzimmer dient. An der Wand zwischen den Türen steht ein niedriges Bücherregal unter einem Shakespeare-Porträt, mit Romanen von Balzac, Zola, Stendhal, philosophischen und soziologischen Schriften von Schopenhauer, Nietzsche, Marx, Engels, Kropotkin, Max Stirner, Dramen von Ibsen, Shaw, Strindberg, Gedichtbänden von Swinburne, Rossetti, Wilde, Ernest Dowson, Kipling usf.

An der Wand links hinten eine Tür zur Veranda, die halb um das Haus läuft. Weiter vorn geben drei Fenster den Blick frei auf den Vorgarten, den Hafen und die Hafenpromenade. Dazwischen an der Wand ein Korbtischchen und ein einfacher Eichenschreibtisch.

Rechts gehen drei ähnliche Fenster auf den Park hinter dem Haus. Darunter steht eine Korbliege, mit dem Kopfteil nach hinten, darauf einige Kissen. Weiter rückwärts ein großer verglaster Bücherschrank mit gesammelten Werken von Dumas, Victor Hugo, Charles Lever, drei Shakespeare-Ausgaben, ›The World's Best Literature‹ in fünfzig großen Bänden, Humes ›History of England‹, Thiers' ›History of the Consulate and Empire‹, Smollets ›History of England‹, Gibbons Roman ›Empire‹, Einzelbände mit klassischen Dramen, Gedichten und verschiedene Darstellungen der Geschichte Irlands. Erstaunlich an dieser Bibliothek ist, daß die Bücher einen vielgelesenen Eindruck machen.

Der Bohlenfußboden ist fast ganz von einem in Farbe und Muster unauffälligen Teppich bedeckt. In der Zimmermitte ein runder Tisch mit einer grünbeschirmten Leselampe, deren Schnur in einem der vier Anschlüsse des darüberhängenden Leuchters steckt. Ihr Lichtkreis reicht bis zu den vier Sesseln am Tisch; drei Korbsessel und (an der linken Tischseite) ein Schaukelstuhl in polierter Eiche mit einem Lederpolster.

Es ist gegen halb neun morgens. Durch die Fenster links scheint die Sonne herein.

Die Familie hat, wenn sich der Vorhang hebt, gerade fertig gefrühstückt. Mary Tyrone kommt mit ihrem Mann durch den Durchgang aus dem Eßzimmer.

Mary ist vierundfünfzig, etwa mittelgroß. Sie hat noch immer eine jugendliche und anmutige Figur, vielleicht eine Spur mollig, doch verraten Taille und Hüften kaum ihr Alter, obwohl sie sich nicht eng geschnürt hat. Das Gesicht ist von deutlich irischer Prägung. Es muß einmal ungewöhnlich hübsch gewesen sein und zieht noch immer die Blicke auf sich. Hager und blaß, paßt es mit seinen kantigen Konturen schlecht zu der robusten Gestalt. Die Nase ist lang und gerade, der Mund breit, mit vollen, sensiblen Lippen. Kein Rouge oder sonstiges Make-up. Die hohe Stirn wird von dichtem, schlohweißem Haar umrahmt, das zusammen mit der Blässe des Gesichts die Augen schwarz wirken läßt. Mit langen, geschwungenen Wimpern und schwarzen Brauen sind sie ungewöhnlich groß und schön.

An Mary fällt einem sofort ihre hochgradige Nervosität auf. Ihre Hände sind ständig in Bewegung. Auch sie waren einmal schön, aber das Rheuma hat die langen, schmal zulaufenden Finger verkrümmt und die Knöchel verdickt, was sie häßlich und verkrüppelt aussehen läßt. Man scheut sich davor, sie anzuschauen, um so mehr, als Mary die Verunstaltung spürbar peinlich ist, ebenso wie ihr Unvermögen, ihre Unruhe zu zügeln, durch die man auf den Makel erst aufmerksam wird.

Sie ist einfach gekleidet, aber weiß sehr wohl, was ihr steht.

Auf ihre Frisur verwendet sie peinliche Sorgfalt. Ihre Stimme hat einen warmen, sympathischen Klang, und in fröhlichen Augenblicken ist aus ihr ein irischer Singsang herauszuhören.

Was an Mary am meisten einnimmt, ist der einfache, unge-künstelte Charme der schüchternen Klosterschülerin, eine angeborene, weltfremde Unschuld, die sie nie ganz verloren hat.

James Tyrone ist fünfundsechzig, sieht aber zehn Jahre jün-ger aus. Etwa 1,70 m groß, mit breiter Brust und ausladen-den Schultern, wirkt er hochgewachsener und schlanker durch seine Haltung, die etwas Soldatisches an sich hat: Kopf hoch, Brust raus, Bauch rein, Schultern nach außen. Sein Gesicht zeigt erste Anzeichen des Verfalls, aber er ist noch immer ein auffallend gutaussehender Mann, mit einem großen, wohlgestalteten Kopf, männlichem Profil und tief-liegenden hellbraunen Augen. Das graue Haar hat sich am Hinterkopf zu einer Tonsur gelichtet.

Sein Beruf hat ihn unverwechselbar geprägt. Nicht, daß er sich gezielt in die theatralischen Posen des Starschauspielers wirft: Er ist nach Anlage und Geschmack ein schlichter und anspruchsloser Mensch, der sich von seiner bescheidenen Herkunft und seinen bäuerlichen irischen Vorfahren nie weit entfernt hat. Aber in seine Redeweise, Bewegungen und Ge-sten haben sich lauter unbewußte Bühnengewohnheiten ein-geschlichen: Sie wirken wie sorgfältig einstudiert. Seine Stimme, die ihn mit Stolz erfüllt, ist von besonderem Wohl-klang, volltönend und ausdrucksreich.

Seine Kleidung läßt freilich weniger an den romantischen Liebhaber denken. Er trägt einen abgeschabten, grauen, groben Leinenanzug von der Stange, ungeputzte Schuhe und ein Hemd ohne Kragen, mit einem groben, weißen Tuch um den Hals. Er sieht darin nicht malerisch verlottert, son-dern bloß ärmlich aus. Nach seiner Überzeugung sollten Kleider bis zur Unbrauchbarkeit aufgetragen werden. Seine jetzigen hat er zur Gartenarbeit angezogen, und es ist ihm völlig egal, wie er sich darin ausnimmt.

*Er ist keinen Tag seines Lebens ernsthaft krank gewesen.
Nerven sind ihm unbekannt. Seine störrische, erdverbundene Bäuerlichkeit kennt Einbrüche von gefühlvoller
Schwermut und wird selten auch einmal von einem intuitiven
Zartsinn erhellt.
Beim Heraustreten aus dem Zwischenzimmer hat Tyrone
seiner Frau den Arm um die Taille gelegt. Im Wohnzimmer
drückt er sie dann galant an sich.*

TYRONE Endlich spürt man auch mal was, Mary, wenn man
dich in den Arm nimmt, seit du zwanzig Pfund zugelegt
hast.

MARY *lächelt ihn liebevoll an* Ich bin zu dick geworden,
meinst du wohl. Ich muß unbedingt wieder abnehmen.

TYRONE Unterstehen Sie sich, mein Fräulein! Du bist genau richtig so. Abnehmen kommt nicht in die Tüte. Hast
du deswegen so wenig gefrühstückt?

MARY Wenig nennst du das? Ich fand's eher viel.

TYRONE Stimmt aber nicht. Von mir aus hätte es ruhig
mehr sein können, jedenfalls.

MARY *spöttisch* Ach du! Du meinst, alle müßten deine Riesenportionen verdrücken. Jeder andere käme um vor
Bauchweh. *Sie geht nach vorn rechts neben den Tisch.*

TYRONE *geht ihr nach* So ein Vielfraß bin ich hoffentlich
auch wieder nicht. *Herzhaft selbstzufrieden* Aber mein
Appetit ist mir Gott sei Dank geblieben. Ich habe mit
meinen fünfundsechzig noch einen Magen wie ein Zwanzigjähriger.

MARY Allerdings, James. Das läßt sich nicht bestreiten.

*Sie lacht und setzt sich in den Korbsessel links hinter dem
Tisch. Er stellt sich hinter sie, wählt aus dem Kästchen auf
dem Tisch eine Zigarre und schneidet mit einem Knipser
die Spitze ab. Aus dem Eßzimmer sind die Stimmen von
Jamie und Edward zu hören. Mary wendet den Kopf.*
Was die Jungs bloß immer noch im Eßzimmer machen?
Cathleen will bestimmt schon längst abräumen.

TYRONE *scherzhaft, aber mit gekränktem Unterton* Wahrscheinlich hecken sie wieder ein Komplott aus, Irgendeinen Plan, wie sie den Alten erleichtern können, verlaß dich drauf.

Sie schweigt dazu, ihr Kopf bleibt weiterhin den Stimmen zugewandt. Ihre Hände tauchen auf der Tischplatte auf und fahren darauf rastlos hin und her. Er zündet sich die Zigarre an, setzt sich in den Schaukelstuhl links vom Tisch, seinem Stammplatz, und pafft zufrieden vor sich hin.

Es geht nichts über die erste Morgenzigarre. Wenn sie was taugt – und die neuen da sind richtig schön mild und voll im Rauch, günstig, außerdem. Ich hab sie fast umsonst gekriegt. McGuire hat mir den Tip gegeben.

MARY *leicht säuerlich* Hoffentlich hat er nicht gleich auch einen Tip für ein neues Grundstück mitgeliefert. Seine Immobiliengeschäfte fallen ja weniger günstig aus.

TYRONE *protestierend* So kann man das nicht sagen, Mary. Schließlich hat er mir auch zur Chestnut Street geraten, und das Haus hab ich doch schnell weiterverkauft und gut daran verdient.

MARY *mit liebevoll-spöttischem Lächeln* Ja, ja. Das berühmte blinde Huhn. Wenn McGuire das geahnt hätte. *Dann tätschelt sie ihm die Hand.* Laß gut sein, James. Ich weiß schon – dir den gerissenen Häuserspekulanten ausreden zu wollen, die Mühe kann man sich sparen.

TYRONE *schmollend* Das mach ich mir doch gar nicht vor. Aber Land bleibt Land, und das ist nun mal sicherer als die Anleihen und Aktien von diesen Wall-Street-Gaunern. *Dann begütigend* Komm, streiten wir doch nicht schon über Geldsachen in aller Frühe.

Pause. Man hört die jungen Männer reden, einer von ihnen bekommt einen Hustenanfall. Mary horcht besorgt auf. Ihre Finger klimpern nervös auf der Tischplatte.

MARY Du solltest lieber Edmund schimpfen, weil er zu wenig ißt, James. Außer Kaffee hat er kaum was angerührt. Er muß doch essen, damit er bei Kräften bleibt.

Ich sag's ihm auch dauernd, aber er meint, er hätte einfach keinen Hunger. Freilich, mit so einer Sommergrippe kann einem der Appetit auch vergehen.

TYRONE Ja, weiter ist es nichts. Also mach dir keine Sorgen.

MARY *rasch* Mach ich mir auch nicht. Bestimmt ist er in ein paar Tagen wieder auf dem Damm, wenn er sich schont. *Als wollte sie das Thema beenden, aber käme nicht los davon* Aber ein Jammer ist es trotzdem, daß er ausgerechnet jetzt krank werden muß.

TYRONE Ja, da hat er Pech gehabt. *Er wirft ihr einen schnellen besorgten Blick zu.* Aber du darfst dich deswegen nicht aufregen, Mary. Du mußt dich selber auch schonen, weißt du.

MARY *rasch* Ich rege mich ja nicht auf. Es gibt gar keinen Grund zur Aufregung. Wieso meinst du, daß ich aufgeregt bin?

TYRONE Ach, gar nicht, außer, daß du mir die letzten Tage ein bißchen angespannt vorgekommen bist.

MARY *zwingt sich zu einem Lächeln* Ach ja? Unsinn, mein Lieber. Das bildest du dir nur ein. *Plötzlich angespannt* Du darfst mich nicht dauernd so unter die Lupe nehmen, James. Ich meine, das macht mich ganz befangen.

TYRONE *legt ihr die Hand auf die unruhig klopfenden Finger* Ach komm, Mary. Jetzt bildest du dir was ein. Ich nehm dich höchstens unter die Lupe, weil du so schön ~~hübsch~~ mollig geworden bist. *Auf einmal mit tiefer Bewegung* Ich kann dir mein Glück gar nicht sagen, daß wir dich wiederhaben, ganz die alte, liebe Mary. *Er beugt sich zu ihr und küßt sie impulsiv auf die Wange; dann lehnt er sich wieder zurück und sagt gezwungen.* Also, jetzt auch tapfer drangeblieben, Schatz.

MARY *mit abgewendetem Kopf* Ja, gut, Lieber. *Sie steht ruhelos auf und geht rechts zu den Fenstern.* Gott sei Dank, kein Nebel mehr. *Sie dreht sich zu ihm um.* Ich bin gar nicht gut beieinander heute früh. Das scheußliche Nebelhorn hat mich die ganze Nacht kaum schlafen lassen.

TYRONE Ja, als hätte sich ein kranker Walfisch hinters Haus
verirrt. Ich habe auch dauernd wachgelegen.

MARY *liebevoll und belustigt* Wirklich? Dann hast du dich
aber recht geschickt verstellt. Du hat so laut ge-
schnarcht, als wärst du das Nebelhorn gewesen! *Sie läuft
zu ihm, lacht und tätschelt ihm die Wange.* Keine zehn
Nebelhörner hätten dich aufgeweckt. Du hast nun mal
keine Nerven, nie welche gehabt.

TYRONE *in seiner Eitelkeit gekränkt, ärgerlich* Ach, Unsinn.
Warum mußt du mein Schnarchen immer so übertreiben?

MARY Das geht gar nicht. Wenn du dich einmal dabei hör-
test –
*Aus dem Eßzimmer tönt Gelächter herüber. Sie wendet
lächelnd den Kopf.*
Was es wohl zu lachen gibt?

TYRONE *mürrisch* Über mich, Verlaß dich drauf. Der Alte
muß ja immer herhalten.

MARY *hänselt ihn* Ja, furchtbar, nicht, wie wir alle auf dir
herumhacken. Du armes Lämmchen! *Sie lacht; dann
vergnügt und erleichtert.* Naja, Hauptsache, Edmund
lacht wieder einmal, egal, worüber. Er war so niedergeschlagen die letzte Zeit.

TYRONE *geht nicht darauf ein. Vorwurfsvoll* Über einen
Witz von Jamie, so viel steht fest. Der kann ja über alle
nur mit Hohn und Spott herziehen, bekanntlich.

MARY Komm, fang jetzt nicht schon wieder mit Jamie an.
Ohne Überzeugung Er wird schon noch, du wirst sehen.

TYRONE Dann muß er sich aber beeilen, Mit seinen fast
vierunddreißig Jahren.

MARY *übergeht das* Ja, wollen denn die überhaupt nicht
mehr aufstehen? *Sie geht ins Zwischenzimmer und ruft.*
Jamie! Edmund! Kommt jetzt ins Wohnzimmer, damit
Cathleen endlich abräumen kann!
*Edmund ruft zurück: ›Gleich, Mama‹. Sie geht wieder
zum Tisch.*

TYRONE *grollend* Für den findest du immer eine Ausrede, ganz gleich, was er macht.

MARY *setzt sich neben ihn und tätschelt ihm die Hand* ♇ scht.

Die Söhne, James junior und Edmund, kommen aus dem Durchgangszimmer herein, beide noch schmunzelnd und kichernd über ihre Heimlichkeiten, und nach einem raschen Blick auf ihren Vater lebt ihre Belustigung neu auf.

Jamie, der Ältere, ist dreiunddreißig. Er ist zwei Fingerbreit größer und um einiges leichter als sein Vater und hat von ihm zwar die breite Brust und die kräftigen Schultern mitbekommen, nicht aber die Grazie und Körperbeherrschung und schon gar nicht die Vitalität, so daß er kleiner und stämmiger aussieht, als er ist. Er wirkt früh gealtert. Sein immer noch ansprechendes, wenn auch schon etwas verlebtes Gesicht ist nie männlich schön gewesen wie das von Tyrone, wenn er ihm auch mehr ähnelt als seiner Mutter. Er hat schöne braune Augen, in deren Farbe sich der hellere, väterliche Ton mit dem dunkleren, mütterlichen vermischt hat. Sein Haar hat sich gelichtet, und Tyrones kahle Stelle am Hinterkopf deutet sich auch bei ihm an. Seine scharf hervorspringende Adlernase erinnert an niemand sonst aus der Familie und verleiht ihm, zusammen mit einem zur Gewohnheit gewordenen zynischen Gesichtsausdruck, etwas von einem Mephisto. Wenn er aber, was selten genug geschieht, nichts Höhnisches in sein Lächeln legt, schimmert darin immer noch der humorvolle, romantische und leichtsinnige irische Charme von früher auf, und er wird zu einem bezaubernden Schwerenöter, der, so gefühlvoll wie poetisch, die Frauen anzieht und sich unter Männern beliebt macht.

Er trägt einen alten Anzug aus grobem Leinen, weniger abgetragen als der seines Vaters, mit Hemd und Krawatte. Seine weiße Haut hat sich in der Sonne gerötet und Sommersprossen bekommen.

Edmund ist zehn Jahre jünger als er, eine Handbreit größer, mager und sehnig. Während Jamie dem Vater nach-

geschlagen ist, fast ohne mütterlichen Anteil, ähnelt Edmund beiden Elternteilen, aber doch vorwiegend der Mutter. Von ihren großen, dunklen Augen ist sein langes, schmales irisches Gesicht hauptsächlich geprägt. Sein Mund ist so übersensibel wie der ihre, und auch ihre hohe Stirn kehrt in der seinen noch übersteigert wieder. Sein Haar ist glatt zurückgekämmt, dunkelbraun, aber an den Spitzen von der Sonne ins Rötliche ausgebleicht. Die Nase hat er freilich vom Vater, an den er auch im Profil erinnert. Die Hände dagegen gleichen mit ihren ungewöhnlich langen Fingern auffallend denen der Mutter und zeigen sogar, wenn auch in geringerem Maße, deren Rastlosigkeit. Überhaupt tritt in der hochgradig nervösen Sensibilität die Ähnlichkeit zwischen Mutter und Sohn am deutlichsten hervor.

Edmund ist offenkundig bei schlechter Gesundheit. Er wirkt ausgemergelt, hat einen fiebrigen Blick, eingefallene Wangen und eine trotz ihrer Bräune knittrige und fahle Haut. Er trägt Hemd und Krawatte, kein Jackett, alte Flanellhosen und weiche, legere Schuhe.

MARY *dreht sich zu ihnen um, mit etwas gezwungener Fröhlichkeit* Ich habe euren Vater grade wegen seiner Schnarcherei gehänselt. *Zu Tyrone* Jetzt sollen die Jungs urteilen, James. Sie müssen dich ja gehört haben. Nein, Jamie, du nicht. Du hast fast so laut wie er die Treppe heruntergedröhnt. Ganz der Vater: Kaum hast du ein Kissen unter dem Kopf, kriegen dich keine zehn Nebelhörner mehr wach. *Sie unterbricht sich, als sie Jamies beunruhigten, prüfenden Blick auf sich ruhen spürt. Ihr Lächeln erlischt, sie wirkt plötzlich befangen.* Warum starrst du mich an, Jamie? *Sie greift sich mit flatternden Fingern ins Haar.* Hat sich mein Haar gelöst? Ich tu mich schwer damit, es ordentlich aufzustecken, seit ich so schlecht sehe und meine Brille nie finden kann.

JAMIE *wendet schuldbewußt den Blick* Nein, deinem Haar fehlt nichts, Mama. Mir ist nur gerade aufgefallen, wie gut du aussiehst.

TYRONE *polternd* Genau meine Rede, Jamie. Sie wird allmählich so dick und munter, daß sie keiner mehr zügelt.

EDMUND Nein, du siehst wirklich blendend aus, Mama.
Davon beruhigt, lächelt sie ihn liebevoll an. Er zwinkert ihr zu und grinst verschmitzt dabei.
Und mit Papas Schnarchen geb' ich dir recht. Da haben ja die Wände gewackelt!

JAMIE Ganz mein Eindruck. *Deklamiert wie ein Schmierenschauspieler* »Das ist der Mohr, ich kenne die Trompete.«
Mary und Edmund lachen.

TYRONE *schneidend* Wenn dir mein Schnarchen dazu verhilft, zur Abwechslung mal an Shakespeare zu denken, statt an die Siegertips vom Wettbüro, dann bleib' ich gern dabei.

MARY Also James! Sei doch nicht so empfindlich!
Jamie zuckt die Achseln und setzt sich in den Sessel links von ihr.

EDMUND *ärgerlich* Ja, alles, was recht ist, Papa! Wir haben noch kaum das Frühstück unten. Jetzt mach' mal eine Verdauungspause, ja?
Er läßt sich in den Sessel rechts von seinem Bruder fallen. Sein Vater geht nicht auf ihn ein.

MARY *vorwurfsvoll* Dein Vater hat nicht dich zurechtgewiesen. Du brauchst nicht immer gleich für Jamie Partei zu ergreifen, grade, als wärst du der zehn Jahre Ältere.

JAMIE *gelangweilt* Was regt ihr euch denn so auf? Vergessen wir's.

TYRONE *verächtlich* Ja! Vergessen wir's und lassen fünfe grad sein: Eine bequeme Einstellung, wenn man sich im Leben nichts anderes vornimmt, als –

MARY Jetzt bist du aber ruhig, James. *Sie legt ihm den Arm um die Schulter. Beschwichtigend* Du mußt mit dem falschen Bein aufgestanden sein heute früh. *Zu den Söhnen, um das Thema zu wechseln* Worüber habt ihr euch denn so gefreut wie die Schneekönige grade eben? Was hat's denn zu lachen gegeben?

TYRONE *reißt sich mit Mühe zusammen und spielt den Gutmütigen* Ja, laßt hören. Todsicher über mich, hab' ich zu eurer Mutter gesagt, aber egal, ich bin das ja gewohnt.

JAMIE *trocken* Mich brauchst du nicht anzuschauen. Der Witz war von dem Kleinen.

EDMUND *lacht bubenhaft* Ich wollte es dir eigentlich schon gestern abend erzählen, Paps. Ich habe gestern nach dem Spaziergang noch schnell in der Kneipe vorbeigeschaut –

MARY *besorgt* Du solltest das Trinken lassen jetzt, Edmund.

EDMUND *übergeht das* Und wer, glaubst du, steht da mit einem Riesenzacken in der Krone? Shaughnessy, der Pächter von deiner Farm.

MARY *lächelnd* Der schreckliche Kerl! Aber spaßig ist er trotzdem.

TYRONE *brummig* So spaßig auch wieder nicht, wenn du der Verpächter bist. Der hat's ganz dick hinter den Ohren, sag' ich dir, glatt wie ein Aal. Worüber hat er denn jetzt schon wieder geschimpft, Edmund? – Denn geschimpft hat er, soviel steht fest. Wahrscheinlich soll ich ihm die Pacht 'runtersetzen –, dabei verlang' ich sowieso fast nichts von ihm, bloß damit das Ding nicht leersteht, und auch die zahlt er erst, wenn ich ihm die Räumung androhe.

EDMUND Nein, gemeckert hat er nicht. Er war so obenauf, daß er sich sogar was auf eigene Rechnung bestellt hat, wir haben unseren Ohren nicht getraut. Und der Grund war, er hat sich mit deinem Freund Harker angelegt, dem Texaco-Millionär, und ihn mit Glanz und Gloria untergekriegt.

MARY *in komischem Entsetzen* Du liebes bißchen! James, du kannst da nicht immer weiter einfach zuschauen.

TYRONE Die Cholera soll ihn holen!

JAMIE *boshaft* Wenn du Harker das nächste Mal im Club deinen Kotau machst, übersieht er dich, verlaß dich drauf.

EDMUND Genau. Er wird sich denken: Kein Gentleman stellt einen Pächter ein, der vor einem König von Amerika nicht auf den Bauch fällt.

TYRONE Deinen Sozi-Unsinn kannst du dir sparen. Ich habe einfach keine Lust –

MARY *taktvoll* Erzähl jetzt weiter, Edmund.

EDMUND *lacht seinen Vater herausfordernd an* Also, wie du weißt, grenzt das große Kühlbecken von Harkers Landsitz direkt an die Farm, und wie du weißt, ist Shaughnessy Schweinezüchter. Naja, und da war anscheinend auf einmal ein Loch im Zaun, und die Schweine sind in das Millionärs-Kühlbecken gesprungen, und Harkers Verwalter behauptet, Shaughnessy hätte den Zaun vorsätzlich eingerissen, um seiner Herde ein Erfrischungsbad zu gönnen.

MARY *entsetzt und belustigt* Ach du lieber Gott!

TYRONE *säuerlich, aber nicht ohne Bewunderung* Hat er auch, der Strolch. Das sieht ihm ähnlich.

EDMUND Daraufhin kam Harker höchstpersönlich bei Shaughnessy angelaufen, um ihn zurechtzuweisen. *Er kichert.* Auf das Match hätte er sich besser nicht eingelassen! Wenn's noch einen Beweis brauchte, daß unsere Plutokratenbonzen keine Geisteshelden sind, und wenn sie den Zaster bloß geerbt haben, schon zweimal nicht, dann hat er ihn geliefert.

TYRONE *mit spontaner Hochachtung* Ja, gegen Shaughnessy kommt er nicht auf. *Dann knurrig* Deine Anarchistenreden behalt für dich. Ich dulde nicht – *Aber er ist auf den Ausgang gespannt.* Und weiter?

EDMUND Harker hatte ungefähr soviel Chancen wie ich gegen Joe Louis. Shaughnessy hatte sich schon ein paar hinter die Binde gegossen und nahm ihn am Hoftor in Empfang. Angeblich hat er Harker gar nicht erst zu Wort kommen lassen, sondern gleich losgewettert, er wäre verdammt noch mal nicht der Fußabstreifer für die Texaco. Ein irischer König wäre er, wenn's mit rechten Dingen zuginge, und Gesindel bliebe für ihn Gesindel, egal, wie viele Moneten es den armen Schluckern aus der Tasche gezogen hätte.

MARY Du meine Güte. *Sie lacht wider Willen.*

EDMUND Dann beschuldigte er Harker, er hätte den Zaun absichtlich einreißen lassen und so die Schweine in sein Kühlbecken gelockt, um sie zu ermorden. »Die armen Viecher!«, schrie Shaughnessy, auf den Tod hätten sie sich erkältet. Die einen lägen mit Lungenentzündung im Sterben, und die andern hätten von dem verseuchten Wasser die Schweinepest gekriegt. Einen Anwalt nähme er sich jetzt, der verklage ihn dann schon auf Schadensersatz. Und dann die Pointe: Er hätte wahrhaftig schon genug am Hals auf seiner Farm, mit den Zecken und dem Giftefeu und den Kartoffelkäfern und den Stinktieren, aber irgendwann platze auch einer ehrlichen Haut einmal der Kragen, und wenn hier jeder dahergelaufene Texaco-Strauchdieb meine, er könne auf fremdem Grund und Boden herumstiefeln, dann hätte er sich getäuscht. Ob Harker also freundlicherweise seine Quadratlatschen aus dem Anwesen herausheben könnte, sonst bekäme er nämlich den Hund auf den Hals gehetzt. Und Harker zog ab!

Die zwei Brüder lachen.

MARY *schockiert, aber kichernd* Mein Gott, hat der ein Mundwerk!

TYRONE *in unbedachter Bewunderung* Der alte Gauner! Unschlagbar! *Er lacht, hält plötzlich inne und knurrt.* So ein Mistkerl! Der bringt mich noch mal in Teufels Küche. Du hast ihm hoffentlich gesagt, daß ich verdammt sauer werde, wenn –

EDMUND Ich hab ihm gesagt, daß du dich bestimmt krank lachst über das Eins zu Null für Irland, und das stimmt auch. Tu doch nicht so, Papa.

TYRONE Ich lach mich überhaupt nicht krank.

MARY *hänselt ihn* Doch, James, und wie!

TYRONE Nein, wirklich, Mary, ein Witz ist ja gut und schön, aber –

EDMUND Ich hab zu Shaughnessy gesagt, er hätte Harker
ruhig noch stecken können, daß einen Ölmillionär ein
Beigeschmack nach Schwein in seinem Eiswasser eigentlich nicht stören dürfte.

TYRONE Du bist wohl übergeschnappt! *Stirnrunzelnd* Halt
dich mit deinem verdammten Sozi-Anarchismus gefäl-
ligst aus meinen Angelegenheiten raus!

EDMUND Shaughnessy hat fast geheult, daß ihm das nicht
selber eingefallen ist, aber er will es in seinen nächsten
Brief an Harker reinschreiben, zusammen mit ein paar
anderen Beschimpfungen, an die er nicht rechtzeitig gedacht hat.
Die Brüder lachen.

TYRONE Was gibt's denn da zu lachen? Das ist überhaupt
nicht komisch – du bist mir ein sauberer Sohn, hilfst dem
Mistkerl auch noch, mir einen Prozeß anzuhängen!

MARY Nun reg dich mal nicht so auf, James.

TYRONE *nimmt Jamie aufs Korn* Und du bist noch schlimmer mit deiner Hetzerei! Du wärst wohl selber gern da-
beigewesen, um Shaughnessy noch mehr niederträchtige
Beleidigungen einzureden! Das ist ja dein besonderes
Talent, wenn auch das einzige.

MARY James! Du hast überhaupt keinen Grund, so mit Jamie zu schimpfen.
*Jamie will höhnisch antworten, zuckt dann aber die Ach-
seln.*

EDMUND *abrupt, mit nervöser Gereiztheit* Verflixt noch
mal, Papa! Wenn du damit wieder anfängst, verzieh ich
mich. *Er springt auf.* Ich hab sowieso mein Buch noch
oben liegen. *Er geht zum Salon und sagt angewidert.*
Mein Gott, Papa, findest du es nicht langsam selber zum
Kotzen, wie du redest –
Er geht. Tyrone sieht ihm wütend nach.

MARY Du darfst es Edmund nicht übelnehmen, James.
Denk dran, daß er nicht gut beisammen ist.
Man hört Edmund auf der Treppe husten. Mary nervös
So eine Sommergrippe macht jeden gereizt.

20

JAMIE *ernsthaft besorgt* Das ist nicht bloß eine Sommergrippe. Der Kleine hat was Ernstes.
*Sein Vater wirft ihm einen scharfen, warnenden Blick zu,
den er aber übersieht.*

MARY *wendet sich aufgebracht gegen ihn* Warum sagst du
das? Es *ist* nur eine Erkältung! Das sieht doch jeder! Nur
du mußt dir immer was einbilden!

TYRONE *wieder warnender Blick zu Jamie. Unbekümmerter
Ton* Jamie meint nur, Edmund könnte sich vielleicht
noch etwas anderes geholt haben, das seine Erkältung
verschlimmert.

JAMIE Genau, Mama. Mehr hab ich gar nicht gemeint.

TYRONE Doktor Hardy glaubt, daß er einen Anflug von
Malaria aus den Tropen mitgebracht hat. Der wäre mit
Chinin schnell kuriert.

MARY *feindselige Verachtung im Blick* Dieser Doktor
Hardy! Dem glaube ich kein Wort, und wenn er auf
einen Stapel Bibeln schwört! Ich kenne die Ärzte. Die
sind alle gleich. Die sagen doch, was ihnen gerade einfällt, nur damit man weiter zu ihnen gelaufen kommt.
*Sie bricht unvermittelt und in akuter Befangenheit ab, als
sie Jamies und Tyrones Blicke auf sich gerichtet sieht.
Nervös fährt sie sich ins Haar und zwingt sich zu einem
Lächeln.* Was gibt's? Was seht ihr mich so an? Ist was mit
meinen Haaren?

TYRONE *legt den Arm um sie und drückt sie im Scherz an
sich. Mit schuldbewußter Herzlichkeit* Deine Haare sind
völlig in Ordnung. Du wirst immer eitler, je strammer
und gesünder du aussiehst. Bald stehst du nur noch den
ganzen Tag vorm Spiegel und zupfst an dir herum!

MARY *halbwegs beruhigt* Aber eine neue Brille brauch ich.
Meine Augen lassen immer mehr nach.

TYRONE *mit irischer Galanterie* Du hast wunderschöne Augen, das weißt du ganz genau.
*Er gibt ihr einen Kuß. Ihr Gesicht leuchtet auf in reizen-
der, schüchterner Verlegenheit. Unvermittelt und überra-
schend zeigt sich in ihrem Ausdruck das Mädchen, das sie*

*einst war, nicht als Schatten aus der Vergangenheit, son-
dern immer noch lebendig.*

MARY Sei doch nicht so albern, James, Und auch noch vor
Jamie!

TYRONE Ach was, der hat dich auch längst durchschaut. Er
weiß genau, daß du mit all dem Getue mit deinen Augen
und Haaren nur auf Komplimente aus bist. Stimmt's,
Jamie?

JAMIE *Sein Gesicht erhellt sich zu einem liebevollen Lächeln,
in dem sein früherer jungenhafter Charme durchscheint.*
Ja. Uns machst du nichts vor, Mama.

MARY *lacht, und ihre Stimme verfällt in einen irischen Singsang* Macht, daß ihr weiterkommt, ihr beiden! *Dann mit
kindlichem Ernst* Aber früher waren meine Haare doch
wirklich sehr schön, nicht wahr, James?

TYRONE Die schönsten auf der ganzen Welt!

MARY Einen ganz ausgefallenen rotbraunen Ton haben sie
gehabt und mir bis über die Knie gereicht. Da müßtest
du dich eigentlich auch noch dran erinnern, Jamie. Vor
Edmunds Geburt hatte ich keine einzige graue Strähne.
Dann bin ich weiß geworden. *Der mädchenhafte Ausdruck verfliegt.*

TYRONE *schnell* Und das hat dich schöner denn je gemacht.

MARY *wiederum verlegen und erfreut* Hör dir deinen Vater
an, Jamie – nach fünfunddreißig Ehejahren! Er ist nicht
umsonst ein berühmter Schauspieler, wie? Was ist denn
in dich gefahren, James? Sammelst du glühende Kohlen
auf mein Haupt, weil ich dich mit deinem Schnarchen
aufgezogen habe? Also gut, ich nehme alles zurück. Es
ist doch bloß das Nebelhorn gewesen. *Sie lacht, und die
anderen lachen mit. Dann knapp und geschäftsmäßig*
Aber ich kann hier jetzt wirklich nicht weiter rumsitzen,
auch nicht, um mir Komplimente anzuhören. Ich muß
noch das Abendessen und den Einkauf mit der Köchin
besprechen. *Sie steht auf und seufzt scherzhaft übertrieben.* Bridget ist so faul, Und so gerissen. Sie erzählt mir

22

einfach lang und breit von ihrer Verwandtschaft, damit ich nicht zum Schimpfen komme. Na, am besten bringe ich es gleich hinter mich. *Sie geht zur Tür des Hinterzimmers, dann dreht sie sich um,* besorgt Denk dran, James, auf keinen Fall darfst du dir von Edmund im Garten helfen lassen. *Weiter mit seltsam eigensinnigem Gesichtsausdruck* Nicht, daß er zu schwach dafür wäre, aber wenn er ins Schwitzen kommt, wird seine Grippe noch schlimmer.

Sie verschwindet durch das Hinterzimmer. Tyrone vorwurfsvoll zu Jamie

TYRONE Du bist mir vielleicht ein Esel! Wo hast du deinen Verstand gelassen? Wenn wir eins nicht sagen dürfen, dann etwas über Edmund, was sie noch mehr beunruhigt.

JAMIE *mit einem Achselzucken* Na gut, ganz wie du willst. Wir sollten es nicht zulassen, daß Mama sich noch länger etwas vormacht. Das macht den Schock nur noch schlimmer, wenn sie es schließlich erfährt. Außerdem siehst du ja, daß sie sich absichtlich was vormacht mit dieser angeblichen Sommergrippe. Eigentlich weiß sie schon Bescheid.

TYRONE Bescheid weiß noch gar niemand.

JAMIE Doch, ich. Ich war am Montag bei Doktor Hardy mit dabei, wie er diesen Malaria-Unsinn verzapfte. Er wollte nur Zeit schinden. Er glaubt selbst nicht mehr daran. Und das weißt du so gut wie ich. Deswegen bist du doch gestern in die Stadt gefahren, um mit ihm zu reden, nicht wahr, Papa?

TYRONE Er war sich noch nicht sicher. Er will mich heute anrufen, bevor Edmund hingeht.

JAMIE *langsam* Er meint, daß er Tuberkulose hat, oder?

TYRONE *widerstrebend* Er hat gesagt, es wäre möglich.

JAMIE *bewegt. Die Liebe zu seinem Bruder wird offenbar.* Verdammt! Der arme Kleine! *Anklagend* Wenn du ihn von vornherein zu einem richtigen Arzt geschickt hättest, hätte es nicht so weit kommen müssen.

TYRONE Was stimmt denn nicht mit Hardy? Er war hier doch immer schon unser Arzt.

JAMIE Gar nichts stimmt mit Hardy! Sogar in diesem miesen Nest gilt er als drittklassig! Ein billiger alter Quacksalber, weiter nichts!

TYRONE Aber ja doch! Mach ihn nur runter! Mach nur alle runter! Für dich taugt ja keiner was!

JAMIE *verächtlich* Hardy kassiert bloß einen Dollar pro Besuch. Deswegen ist er für dich ein guter Arzt!

TYRONE *verletzt* Schluß jetzt! Du bist jetzt nicht besoffen! Du hast keine Ausrede – *Er ringt um Fassung, geht in die Defensive.* Falls du meinst, ich könnte mir einen von diesen Luxusärzten leisten, die die reichen Feriengäste ausnehmen –

JAMIE Warum nicht? Du bist doch einer der größten Grundbesitzer in der Gegend.

TYRONE Das heißt noch lange nicht, daß ich reich bin. Auf allem nichts wie Hypotheken –

JAMIE Weil du immer noch mehr kaufst, statt die Hypotheken abzutragen. Wenn Edmund irgend so ein mieses Grundstück wäre, das dir in die Augen sticht, wäre dir kein Preis zu hoch!

TYRONE Du lügst! Und deine Vorwürfe gegen Doktor Hardy sind auch nur Lügen! Er macht keinen Schnickschnack, hat keine Modepraxis und kutschiert in keinem teuren Wagen herum. Dafür zahlt man nämlich bei diesen Halsabschneidern, fünf Dollar für einmal in die Gurgel gucken, und nicht für die bessere Heilkunst.

JAMIE *spöttisches Achselzucken* Also gut. Wozu soll ich mich streiten? Eine Katze läßt das Mausen nicht.

TYRONE *wachsender Zorn* Eben! Das hast du mir nur zu gut bewiesen. Daß du dich noch jemals änderst, die Hoffnung habe ich längst begraben. Und du willst mir vorschreiben, was ich mir leisten kann? Du hast noch nie begriffen, was Geld wert ist, und das lernst du auch nicht mehr! Nicht einen Cent hast du in deinem Leben gespart! Am Ende jeder Spielsaison bist du blank! Jede

Woche hast du deine Gage für Nutten und Whisky rausgeschmissen!

JAMIE Meine Gage! Du lieber Gott!

TYRONE Immerhin mehr als dein Marktwert, und ohne
mich bekämst du nicht mal das. Wenn du nicht mein
Sohn wärst – den Manager mußt du mir erst mal zeigen,
der dir bei deinem kaputten Ruf noch eine Rolle gegeben hätte. Und ich kann jedesmal meinen Stolz runter-
schlucken und für dich zu Kreuze kriechen und denen
die Hucke vollügen, wie du dich angeblich gebessert hättest.

JAMIE Ich wollte auch nie Schauspieler werden. Du hast
mich da hineingezwungen.

TYRONE Das ist nicht wahr! Du hast dich nie um einen Beruf gekümmert. Mir hast du es überlassen, dir eine Stelle
zu besorgen, und ich habe nun mal nirgendwo Einfluß
außer am Theater. Dich hineingezwungen! Alles, was du
wolltest, war, in Kneipen hocken. Dir wäre es auch recht
gewesen, ewig als fauler Sack rumzulungern und mir
dein Leben lang auf der Tasche zu liegen! Aus dem ganzen rausgeworfenen Geld für deine Ausbildung hast du
nicht mehr gemacht, als mit Schimpf und Schande aus
einem College nach dem anderen zu fliegen!

JAMIE Herrgott noch mal, komm mir doch nicht schon wieder mit *der* Uralt-Story!

TYRONE Daß du dich jeden Sommer zu Hause bei mir
durchschnorrst, ist aber keine Uralt-Story.

JAMIE Ich verdiene mir schließlich meinen Unterhalt auf
deinem Grundstück. Dafür sparst du den Lohn für einen
Angestellten.

TYRONE Pah! Für jeden Handstreich muß man hinter dir
her sein! *Sein Ärger verwandelt sich in matte Be-
schwerde.* Das wäre mir auch alles egal, wenn ich nur
mal eine Spur von Dankbarkeit bei dir sähe. Statt dessen
stellst du mich als fiesen Geizhals hin, machst meinen
Beruf runter, machst alles und jedes runter – nur dich
selbst nicht.

JAMIE *trocken* Das ist nicht wahr, Papa. Was ich zu mir selber sage, weißt du nur nicht.

TYRONE *starrt ihn verständnislos an und deklamiert dann mechanisch* »Undankbarkeit, du marmorherzger Teufel, wenn du dich zeigst im Kinde –«

JAMIE Auf den Spruch hab' ich schon gewartet! Lieber Gott, wieviel hundert Mal – *Er bricht achselzuckend ab, von der Auseinandersetzung gelangweilt.* Also gut, Papa, dann bin ich eben eine Niete oder alles, was du willst, Hauptsache, der Streit hört auf.

TYRONE *mahnende Empörung* Wenn du dir doch einmal ein festes Ziel setzen könntest, statt all dieser Flausen im Hirn! Noch bist du jung genug, noch könntest du es weit bringen. Du hattest das Zeug zu einem großen Schauspieler! Du hast es nach wie vor! Du bist mein Sohn –

JAMIE *gelangweilt* Laß mich aus dem Spiel. Das Thema interessiert mich nicht. Und dich genausowenig.

Tyrone gibt auf. Jamie fährt beiläufig fort.

Wie sind wir eigentlich darauf gekommen? Ach so, Doktor Hardy. Wann wollte er dich wegen Edmund anrufen?

TYRONE Gegen Mittag. *Er stockt. Dann sich verteidigend* Ich hätte Edmund zu keinem besseren Arzt schicken können. Hardy kennt ihn von kleinauf und hat ihn immer schon behandelt, wenn er hier krank geworden ist. Kein anderer weiß auch nur halb so gut über seinen Gesundheitszustand Bescheid. Das hat nun wirklich nichts mit Geiz zu tun, wie du mir so gerne vorhältst. *Bitter* Und was könnte der beste Facharzt im ganzen Land schon groß ausrichten? Er hat sich absichtlich zugrunde gerichtet mit diesem Lotterleben seit dem Rausschmiß aus dem College. Sogar schon vorher, noch als Schuljunge, hat er dich nachgeäfft und in den Broadwaykneipen angegeben und herumgesumpft, nur hat er es nicht durchgestanden. Du bist ein robuster Kerl, genau wie ich – oder warst es zumindest in seinem Alter –, aber er war immer schon das reinste Nervenbündel, wie seine

Mutter. Jahrelang habe ich ihn gemahnt, daß er das kör-
perlich nicht verkraftet, doch er hat nie auf mich gehört,
und nun ist es zu spät.

JAMIE *scharf* Zu spät? Was meinst du damit? Das klingt ja,
als dächtest du –

TYRONE *schuldbewußt auffahrend* Red keinen Blödsinn!
Ich meine nur, was ohnehin jeder sieht! Er hat seine Ge-
sundheit ruiniert, und vermutlich wird er nun eine ganze
Weile pflegebedürftig bleiben.

JAMIE *starrt Tyrone an und überhört seine Erklärung* Ich
weiß, die irischen Bauern glauben immer noch, wer
die Schwindsucht kriegt, der stirbt daran. Und wahrscheinlich stimmt das auch in ihren Sumpflöchern und
Moorkaten, aber hierzulande, bei den modernen Behandlungsmethoden –

TYRONE Das weiß ich selber! Von was faselst du da eigentlich? Und zieh mir ja mit deinem Drecksmaul nicht über
Irland her, von wegen Sumpflöcher und Moorkaten! *Anklagend* Je weniger du über Edmund und seine Krankheit sagst, desto besser für dein Gewissen! Daran bist du
nämlich mehr Schuld als alle anderen!

JAMIE *auffahrend* Das ist nicht wahr! Das laß ich mir nicht
gefallen, Papa!

TYRONE Es ist doch wahr! Du hast ihn verdorben! Von Anfang an bist du für ihn der große Held gewesen! Wirklich
ein fabelhaftes Vorbild! Falls du ihm jemals einen guten
Rat gegeben hast, außer wie man vor die Hunde geht, ist
er mir jedenfalls nicht zu Ohren gekommen. Durch dich
ist er altklug geworden, du hast ihm deine angeblichen
weltmännischen Weisheiten eingetrichtert, als er noch
nicht merken konnte, daß du nur von deinem eigenen
Mißerfolg vergiftet warst –, deshalb wolltest du in jedem
Mann nur einen käuflichen Jammerlappen sehen und in
jeder Frau, die sich nicht zur Nutte hergab, nur eine
dumme Gans!

JAMIE *abwehrend, gleichgültig* Ist ja gut. Ich habe Edmund
zwar einiges gesteckt, aber erst, als er sich sowieso schon

aufgeführt hat wie ein Wilder. Er hätte mich nur ausgelacht, wenn ich ihm mit dem üblichen Bruderschmäh und guten Ratschlägen gekommen wäre. Also habe ich mit ihm von gleich zu gleich und absolut offen über meine Fehler geredet, damit er daraus lernen sollte, daß – *Er zuckt die Achseln. Zynisch* Na ja, daß einer, wenn schon nicht anständig, doch wenigstens auf der Hut sein kann.

Sein Vater schnauft verächtlich. Jamie, von echter Rührung übermannt

Also, Papa, die Anschuldigung ist wirklich niederträchtig. Du weißt doch, wie viel der Kleine mir bedeutet und wie nah wir uns immer gestanden haben – viel näher als Brüder sonst! Für ihn täte ich alles.

TYRONE *beeindruckt und etwas besänftigt* Ich weiß, Jamie, wahrscheinlich hast du es nur gut gemeint. Ich hab' auch nicht behauptet, du hättest ihm mit Absicht schaden wollen.

JAMIE Das ganze ist totaler Blödsinn! Den möchte ich mal sehen, der Edmund gegen seinen Willen verführt. Wegen seiner zurückhaltenden Art meint jeder immer, er könnte ihn nach Gutdünken herumschubsen. Aber in Wirklichkeit macht er stockstur genau das, was er will, und schert sich keinen Pfifferling um die anderen! Außerdem – was hatte ich denn schon zu tun mit seinen Wahnsinnstouren in den letzten Jahren – wie er da unbedingt als Hilfsmatrose quer durch die Welt hat tingeln müssen und all den Quatsch. Ich fand die Idee bescheuert und hab' ihm das auch gesagt. Siehst du mich etwa in Südamerika am Strand herumlümmeln oder mich in irgendeinem Drecksloch mit Fusel abfüllen? Besten Dank! Ich bleib' lieber am Broadway, in einem Zimmer mit Bad und Kneipen, die Marken-Bourbon führen.

TYRONE Du und dein Broadway! Du siehst ja, wohin dich der gebracht hat! *Mit einem Anflug von Stolz* Was Edmund sich auch geleistet hat, soviel Courage hat er immerhin gehabt, allein loszuziehen. Der ist nicht jedesmal gleich wieder angewinselt gekommen, wenn er blank war, das ging gar nicht.

JAMIE *eifersüchtiger Hohn* Aber am Ende ist er doch jedesmal blank zurückgekommen, oder nicht? Und was hat ihm das Wegfahren schließlich eingebracht? Schau ihn dir doch an! *Plötzlich beschämt* Nein – das war jetzt unterm Strich. Das wollte ich nicht sagen.

TYRONE *überhört das großzügig* Bei der Zeitung ist er doch ganz erfolgreich. Ich hatte schon gehofft, daß er endlich eine Arbeit gefunden hat, die ihm zusagt.

JAMIE *wieder eifersüchtiger Hohn* Bei einem Provinzkäseblättchen! Ich weiß ja nicht, was sie dir weismachen, ich hab jedenfalls gehört, daß er als Reporter eine ziemliche Niete ist. Wenn er nicht dein Sohn wäre – *Wieder beschämt* Nein, das stimmt nicht. Er ist eigentlich ganz gut angeschrieben dort, aber nur, weil er beim Feuilleton ankommt. Ein paar von seinen Gedichten und Parodien sind wirklich gut. *Wieder mißgünstig* Nicht, daß er es damit auf die Dauer zu etwas bringen könnte. *Hastig* Aber für den Anfang immerhin beachtlich.

TYRONE Genau. Er hat einen Anfang gemacht. Du hast früher auch oft von einer Journalistenlaufbahn geschwafelt, aber du warst ja nie bereit, ganz unten anzufangen! Du hast immer nur gewartet –

JAMIE Jetzt hör endlich auf, Papa! Kannst du mich nicht endlich in Frieden lassen?

TYRONE *sieht ihn starr an, blickt dann weg. Nach einer Pause* Wirklich ein ekelhaftes Pech, daß Edmund ausgerechnet jetzt krank werden mußte, gerade zur ungünstigsten Zeit für ihn. *Fast verstohlenes Unbehagen* Und für deine Mutter auch. Scheußlich, daß sie jetzt auch noch all diese Aufregungen am Hals hat, wo sie unbedingt ihre Ruhe bräuchte und ihren Seelenfrieden. Es ging ihr so gut in den zwei Monaten, seit sie wieder daheim ist. *Belegte, zittrige Stimme* Es war wie im Paradies für mich, endlich wieder ein richtiges Zuhause. Aber das brauche ich dir ja nicht zu sagen, Jamie.

Sein Sohn sieht ihn zum ersten Mal mit verständnisvollem

Mitgefühl an. Plötzlich tiefe Verbundenheit zwischen den beiden über alle unversöhnlichen Gegensätze hinweg

JAMIE *fast sanft* Mir ging's genauso, Papa.

TYRONE Ja, diesmal kann man's ihr richtig ansehen, wie stark und selbstbewußt sie sich fühlt. Verglichen mit den anderen Malen, wenn sie zurückkam, wirkt sie wie ein neuer Mensch. Sie hat nicht mehr die Nerven verloren – jedenfalls nicht, bis Edmund krank wurde. Seither ist sie immer angespannter und ängstlicher geworden. Ich wollte weiß Gott, wir könnten ihr die Wahrheit ersparen, aber wenn er ins Sanatorium muß – ihr Vater ist an Tuberkulose gestorben. Das macht die Sache so schlimm. Er war ihr Ein und Alles, und sie ist nie darüber hinweggekommen. Das wird sehr hart für sie. Aber sie kann's schaffen! Die Willenskraft hat sie inzwischen! Wir müssen ihr dabei helfen, Jamie, mit allen Mitteln!

JAMIE *bewegt* Natürlich, Papa. *Zögernd* Von den Nerven mal abgesehen, kommt mir ihr Zustand heute ganz ordentlich vor.

TYRONE *zuversichtlich* Besser denn je. Sie sprüht doch geradezu vor Späßen und Übermut. *Plötzlich mißtrauisches Stirnrunzeln* Was heißt »kommt dir vor«? Was soll denn nicht mit ihr in Ordnung sein? Was zum Teufel meinst du damit?

JAMIE Jetzt spring mir doch nicht gleich ins Gesicht! Herrgott noch mal, Papa, wenigstens darüber sollten wir offen reden können, ohne uns in die Haare zu geraten.

TYRONE Entschuldige, Jamie. *Angespannt* Aber jetzt pack schon aus –

JAMIE Da gibt's nichts zum Auspacken. Ich hab mich sicher geirrt. Nur, heute nacht – na, du weißt ja, wie es ist, ich kann die Vergangenheit eben nicht loswerden, ich bin da einfach mißtrauisch, und du doch genauso. *Bitter* Das ist ja das Verdammte. Und für Mama erst recht. Sie ist nur noch am Lauern, ob wir sie belauern.

TYRONE *traurig* Ich weiß. *Angespannt* Also, was war los? Red doch endlich!

JAMIE Ach, eigentlich gar nichts. Alles bloß Einbildung von mir. So gegen drei Uhr bin ich aufgewacht und hörte sie im Gästezimmer herumlaufen! Dann ging sie ins Bad. Ich stellte mich schlafend. Im Flur blieb sie stehen, wie um zu horchen, ob ich auch wirklich schlafe.

TYRONE *übertrieben verächtlich* Du lieber Himmel, das ist alles? Das Nebelhorn hat sie die ganze Nacht wachgehalten, hat sie doch selber gesagt, und seit Edmund krank ist, läuft sie dauernd rauf und runter wegen ihm.

JAMIE *eifrig zustimmend* Ja, das stimmt, sie hat tatsächlich auch vor seinem Zimmer gehorcht. *Wieder zögernd* Nur, daß sie ins Gästezimmer ging, das hat mir doch Angst gemacht. Du weißt doch noch, wenn sie sich dort allein schlafengelegt hat, was das geheißen hat –

TYRONE Aber diesmal nicht! Das ist doch ganz leicht zu erklären. Wohin hätte sie sich denn sonst flüchten sollen vor meinem Geschnarche? *Läßt seinem aufgestauten Zorn freien Lauf* Herrgott, wie du nur so leben kannst, mit nichts als den schlimmsten Verdächtigungen im Kopf!

JAMIE *getroffen* Komm mir nicht damit! Ich hab dir doch gesagt, es war nichts dran. Meinst du, ich bin darüber nicht genauso froh wie du?

TYRONE *einlenkend* Sicher, Jamie, sicher. *Eine Pause. Sein Gesicht verfinstert sich. Er spricht langsam, in abergläubischer Angst.* Wie ein böser Fluch wäre das, wenn sie aus Sorge um Edmund – Wie sie so lange krank war nach seiner Geburt, hat sie damit angefangen –

JAMIE Sie doch nicht!

TYRONE Ich gebe ja nicht ihr die Schuld.

JAMIE *bissig* Wem denn sonst? Edmund, weil er auf die Welt gekommen ist?

TYRONE Blödsinn! Keiner konnte was dafür.

JAMIE Doch, der Arzt, dieser Dreckskerl! Nachdem, was Mama mir erzählt hat, war er genauso ein billiger Pfuscher wie Hardy. Für einen guten Mann ist dir das Geld zu schade gewesen –

TYRONE Du lügst! *Wütend* Also, ich bin der Schuldige! Darauf willst du doch hinaus, oder? Du hinterhältiger Strolch!

JAMIE *warnend, als er Mary im Eßzimmer hört* Pscht!
Tyrone springt schnell auf, geht zu der Fensterreihe links und schaut hinaus. Jamie wechselt abrupt den Tonfall.
Also wenn wir die Hecke heute noch schneiden wollen, fangen wir wohl lieber an damit.
Mary kommt aus dem Durchgangszimmer. Sie wirft einen kurzen, mißtrauischen Blick von einem zum anderen, wirkt dabei nervös und befangen.

TYRONE *wendet sich vom Fenster ab. Mit gespielter Herzlichkeit* Ja, der Tag ist wirklich zu schade, um sich hier drinnen zu streiten. Schau raus, Mary! Kein Nebelfleck im ganzen Hafen. Der kommt bestimmt so bald nicht wieder.

MARY *geht zu ihm* Hoffentlich. *Zu Jamie, mit gezwungenem Lächeln* Hör ich recht, du willst dir tatsächlich die Hecke vorknöpfen, Jamie? Es geschehen noch Zeichen und Wunder! Du brauchst wohl dringend Taschengeld.

JAMIE *scherzhaft* Brauch ich doch immer! *Er zwinkert ihr zu. Verächtlicher Seitenblick auf den Vater* Und bis zum Wochenende hab ich bestimmt einen schönen, fetten Fünfer zusammen, für eine wüste Orgie!

MARY *geht auf seinen Scherz nicht ein und streift sich zerfahren das Kleid glatt* Worüber habt ihr gestritten?

JAMIE *zuckt die Achseln* Das Übliche.

MARY Ich hab dich was von einem Arzt reden hören, und dein Vater hat dich hinterhältig genannt.

JAMIE *rasch* Ach das. Ich hab bloß wieder mal gesagt, Doktor Hardy wär nicht gerade Weltklasse in meinen Augen.

MARY *merkt, daß er schwindelt. Unbestimmt* Ach so. Nein, der Ansicht bin ich auch nicht. *Wechselt das Thema und zwingt sich zu einem Lächeln* Also, diese Bridget! Ich dachte schon, ich komme überhaupt nicht mehr los.

Stundenlang hat sie mir was von einem Polizistenvetter in St. Louis erzählt – *Dann nervös und gereizt* Also, wenn ihr euch die Hecke vornehmen wollt, warum sitzt ihr dann hier noch herum? *Hastig* Ich meine, nützt doch lieber die Sonne aus, bevor der Nebel wieder da ist. *Fremdartig, wie im Selbstgespräch* Er kommt nämlich zurück, das weiß ich. *Sie merkt plötzlich, daß beide sie anstarren, ihre Hände flattern nach oben.* Vielmehr, das Rheuma da drin weiß es. Das kann das Wetter besser voraussagen als du, James. *Starrt mit gebanntem Ekel die Hände an* Ah! Wie scheußlich. Daß die mal schön waren, glaubt mir auch keiner mehr.

Die beiden beobachten sie starr mit wachsender Angst.

TYRONE *nimmt ihre Hände und drückt sie sanft nach unten* Aber, aber, Mary, laß jetzt den Unsinn. Du hast die liebsten Hände auf der Welt.

Sie lächelt, ihr Gesicht leuchtet auf, sie küßt ihn dankbar. Er wendet sich an Jamie.

Also los, James. Wer früh anfängt, wird früh fertig. Deine Mutter hat ganz recht, wenn sie uns Beine macht. Und bei der Hitze kannst du dir auch noch was von deinem Kneipenspeck abschwitzen.

Er öffnet die Verandatür, geht hinaus und verschwindet über eine Treppe in den Park. Jamie steht auf, geht ihm nach und zieht sich dabei die Jacke aus. In der Tür dreht er sich um, ohne Mary anzusehen. Auch sie blickt ihn nicht an.

JAMIE *unbeholfene, scheue Zärtlichkeit* Wir sind alle so stolz auf dich, Mama, richtig froh.

Sie erstarrt und blickt ihn mit ängstlichem Trotz an. Er fährt stolpernd fort.

Aber in acht nehmen mußt du dich trotzdem noch. Wegen Edmund mach dir nicht so viele Sorgen. Der wird schon wieder.

MARY *störrischer Blick, bitter und vorwurfsvoll* Natürlich wird er wieder. Und ich verstehe nicht, was das heißen soll, mich in acht nehmen.

JAMIE *zuckt die Achseln, zurückgestoßen und verletzt* Schon gut, Mama. Entschuldige, daß ich nicht stumm bin.

Er geht auf die Veranda hinaus. Sie bleibt starr stehen, bis er die Treppe hinunter verschwunden ist. Dann sinkt sie in einen Sessel, angsterfüllte und verstohlene Verzweiflung in ihrem Gesicht. Die Hände irren auf der Tischplatte umher und rücken hier und da etwas zurecht. Sie hört Edmund die Treppe herunterkommen. Noch bevor er unten angelangt ist, bekommt er einen Hustenanfall. Sie springt auf, als wollte sie vor dem Geräusch davonlaufen, und geht rasch zu der Fensterreihe links. Sie schaut scheinbar ruhig hinaus, als er mit einem Buch in der Hand ins Zimmer tritt. Sie dreht sich zu ihm um und setzt ein mütterliches Begrüßungslächeln auf.

MARY Da bist du ja. Ich wollte grade hinaufgehen und nach dir sehen.

EDMUND Ich hab'nur gewartet, bis die zwei endlich draußen waren. Ich will mich in keinen Streit mit hineinziehen lassen, dazu geht's mir zu mies.

MARY *fast vorwurfsvoll* Ach komm, dir geht's bestimmt nicht halb so schlecht, wie du immer tust, du großes Baby. Willst uns immer bloß Angst einjagen, damit du verhätschelt wirst. *Hastig* Ich mach'ja nur Spaß, mein Kind. Ich weiß sehr gut, wie scheußlich du dich fühlst. Aber heute geht es dir doch wieder besser, oder? *Faßt ihn besorgt am Arm* Viel zu mager bist du trotzdem. Du brauchst Ruhe und noch mal Ruhe. Setz'dich her, ich mach's dir bequem.

Er setzt sich in den Schaukelstuhl. Sie stopft ihm ein Kissen hinter den Rücken.

Bitte. Gut so?

EDMUND Bestens. Danke, Mama.

MARY *küßt ihn, zärtlich* Siehst du, nur deine Mutter kann richtig für dich sorgen, sonst gar niemand. Du kannst so alt sein, wie du willst, für mich bleibst du trotzdem das Familienbaby, weißt du.

EDMUND *nimmt ihre Hand. Mit großem Ernst* Mach'dir nur

keine Sorgen meinetwegen. Du mußt auf dich selbst achtgeben, darauf kommt jetzt alles an.

MARY *weicht seinem Blick aus* Aber das tu ich ja. *Mit gezwungenem Lachen* Mein Gott, schau doch selber, wie dick ich bin! Meine ganzen Kleider müssen ein Stück ausgelassen werden. *Sie wendet sich ab, geht zu der Fensterreihe links. Bemühter, leichter, belustigter Tonfall* Jetzt haben sie sich über die Hecke hergemacht. Armer Jamie! Wie ihm das zuwider ist, vor dem Haus zu arbeiten, wo ihm jeder zuschauen kann! Da kommen die Chatfields mit ihrem neuen Mercedes angerauscht. Toller Wagen, was? Schon was andres als unser gebrauchter Packard. Ach, der Arme! Jetzt hat er sich fast unter die Hecke verkrochen, damit er nicht gesehen wird. Deinem Vater haben sie zugenickt, und er hat sich tief verbeugt, wie beim Schlußapplaus, in seinem alten Schmuddelanzug, den er schon längst hätte wegschmeißen sollen. *Ihre Stimme klingt verbittert.* Daß er nicht ein bißchen mehr auf sich achtet! Sich so zur Witzfigur zu machen!

EDMUND Nein, er hat ganz recht, wenn er auf die Meinung der andern pfeift. Jamie ist doch ein Idiot, daß er die Chatfields so wichtig nimmt. Ich bitte dich, wer hat denn außer in diesem Kaff von denen schon je gehört!

MARY *befriedigt* Kein Mensch. Du hast ganz recht, Edmund. Nichts als aufgeblasene Frösche in einem kleinen Tümpel. Zu albern von Jamie. *Sie hält inne, schaut aus dem Fenster, dann mit einem Anflug von Verlassenheit und Sehnsucht.* Trotzdem, die Chatfields stellen wenigstens was dar. Solche Leute haben anständige Häuser, für die man sich nicht genieren muß. Da kann man seine Freunde zu sich bitten und eingeladen werden. Die leben nicht wie die Einsiedler. *Sie wendet sich vom Fenster ab.* Nicht, daß ich mich mit ihnen abgeben möchte. Ich habe die Stadt hier immer schon verabscheut, mit allem, was darin herumkrebst, das weißt du ja. Ich wollte nie hier wohnen, aber dein Vater war dafür und hat partout das Haus bauen müssen, deswegen muß ich jeden Sommer hier sein.

35

EDMUND Na hör mal, das ist doch besser, als in einem stik-
kigen New Yorker Hotel, oder? So übel ist die Stadt
auch wieder nicht. Ich mag sie eigentlich ganz gern.
Wahrscheinlich, weil wir ein anderes Zuhause nie gehabt
haben.

MARY Ich hab mich hier nie zu Haus gefühlt. Hier hat
nichts gestimmt, von Anfang an nicht. Alles so billig wie
möglich zusammengeschustert. Für was Solides wollte
dein Vater ja das Geld nicht herausrücken. Fast besser,
daß wir hier mit niemand befreundet sind. Ich müßte
mich ja schämen. Aber er wollte ohnehin keine Fami-
lienbekanntschaften. Einladungen und Besuche sind
ihm ein Greuel. Er will immer bloß mit Männern in den
Clubs und Kneipen zusammenhocken, wie du und Jamie, aber das ist nicht eure Schuld. Ihr habt ja hier nie
die Gelegenheit für ordentliche Bekanntschaften gehabt. Ihr wärt bestimmt ganz anders, wenn ihr euch mit
anständigen Mädchen hättet anfreunden können, statt
immer nur mit – Dann wärt ihr nicht so weit verlottert,
daß keine Tochter aus besserem Haus sich mit euch
mehr blicken lassen will.

EDMUND *gereizt* Ach, Mama, laß doch gut sein. Was soll's?
Jamie und ich, wir kämen mit denen doch um vor Lange-
weile. Und warum sich über den Alten aufregen? Den
änderst du doch nicht.

MARY *mechanische Zurechtweisung* Sag nicht immer der
Alte zu deinem Vater. Das ist respektlos. *Dann trübsinnig* Ach, reden hat ja doch keinen Zweck. Aber manchmal komme ich mir sehr allein gelassen vor. *Ihre Lippen
zittern, sie wendet sich ab.*

EDMUND Schon, aber du mußt auch fair sein, Mama. Anfangs war's ja vielleicht seine Schuld, aber später hätten
wir keine Leute mehr einladen können, weißt du, auch
wenn er einverstanden gewesen wäre – *Er gerät schuldbewußt ins Schwimmen.* Ich meine, du hättest niemand
sehen wollen.

MARY *zuckt zusammen, die Lippen zittern ihr mitleiderre-*

gend Nein. Ich kann's nicht aushalten, daran erinnert zu werden.

EDMUND Versteh mich doch nicht falsch, Bitte, Mama. Ich will dir doch helfen, Weil dir das Vergessen nicht gut tut. Nur die Erinnerung bringt dich weiter. Dann wirst du nicht mehr plötzlich überrumpelt. Du weißt doch, wie das früher ging. *Jämmerlich* Ich rühr das weiß Gott nicht gerne auf, Mama. Aber weil es doch so schön gewesen ist, dich wie früher unter uns zu haben, und jetzt nichts Schlimmeres passieren könnte –

MARY *wehrlos* Bitte, Kind. Ich weiß, daß du es gut meinst, aber – *Wieder mit Abwehr und Unbehagen in der Stimme* Sag mal, wieso sprichst du eigentlich plötzlich so mit mir? Was bringt dich ausgerechnet heute früh darauf?

EDMUND *ausweichend* Gar nichts. Ich fühl mich bloß so elend und niedergeschlagen, das wird's sein.

MARY Sag mir die Wahrheit. Wieso bist du auf einmal so voller Argwohn?

EDMUND Bin ich doch gar nicht!

MARY Eben doch. Ich spüre das. Und dein Vater und Jamie genauso – besonders Jamie.

EDMUND Rede dir doch nichts ein, Mama.

MARY *mit flatternden Händen* Das macht alles noch schwerer, dieser dauernde Verdacht in der Luft und das Gefühl, daß ihr mich alle belauert und keiner von euch mir glaubt oder vertraut.

EDMUND Das ist doch absurd, Mama. Natürlich vertrauen wir dir.

MARY Wenn ich doch mal woanders hin könnte, bloß auf einen Tag oder Nachmittag, irgendeine Freundin besuchen und mit ihr reden – nichts Ernstes, nur ein bißchen Gekicher und Weibertratsch, und alles vergessen – und nicht immer nur mit den Dienstboten, dieser dämlichen Cathleen –

EDMUND *steht voller Besorgnis auf und umarmt sie* Hör auf, Mama. Diese ganze Aufregung für nichts und wieder nichts!

MARY Dein Vater geht aus und trifft sich mit seinen Freunden in einer Kneipe oder im Club. Und du und Jamie, ihr habt eure Kumpel. Ihr kommt unter Leute. Nur ich bin allein. Ich war immer allein.

EDMUND Na, komm, jetzt schwindelst du aber. Einer von uns bleibt doch immer hier und leistet dir Gesellschaft, oder kommt mit, wenn du ausfährst.

MARY *bitter* Ja, weil ihr euch nicht traut, mich allein zu lassen! *Sie dreht sich angriffslustig zu ihm um, scharf.* Du rückst jetzt sofort mit der Sprache heraus, warum du dich heute so komisch benimmst und meinst, du müßtest mich an früher erinnern –

EDMUND *zögert, platzt dann schuldbewußt mit der Wahrheit heraus* Lauter Blödsinn. Es ist nur – ich habe heute nacht nicht geschlafen, als du zu mir ins Zimmer gekommen bist. Und dann bist du nicht in euer Schlafzimmer zurückgegangen, sondern hast dich im Gästezimmer hingelegt.

MARY Weil das Geschnarche von deinem Vater mich halb wahnsinnig gemacht hat! Ich hab doch weiß Gott schon oft genug im Gästezimmer geschlafen! *Bitter* Aber ich weiß schon, was du dir gedacht hast. Das war damals auch so, als –

EDMUND *übertrieben heftig* Gar nichts hab ich gedacht!

MARY Du hast dich also schlafend gestellt, damit du mir nachspionieren kannst!

EDMUND Nein! Sondern um dir die Aufregung zu ersparen. Damit du nicht merkst, daß ich vor Fieber nicht schlafen kann.

MARY Und Jamie hat sich bestimmt auch nur verstellt, und wahrscheinlich hat dein Vater sogar –

EDMUND Jetzt reicht's aber, Mama!

MARY Ach, Edmund, das halte ich nicht aus, wenn auch du noch –! *Ihre Hände flattern nach oben, tätscheln fahrig und zerstreut das Haar. In ihre Stimme kommt plötzlich ein seltsamer Anflug von Rachsucht.* Euch geschähe allen recht, wenn es stimmte!

EDMUND Mama! Sag so was nicht. So redest du sonst nur,
wenn –

MARY Hör endlich auf, mich zu verdächtigen! Bitte, Kind!
Du tust mir weh damit! Ich konnte nicht schlafen, weil
ich dauernd an dich denken mußte. Das war der Grund!
Seit du krank bist, mach ich mir solche Sorgen. *Sie umarmt und wiegt ihn mit verängstigter, beschützender Zärtlichkeit.*

EDMUND *will sie beruhigen* Das sind doch alles Hirngespin-
ste. Es ist nur eine Grippe, das weißt du doch.

MARY Ja, natürlich weiß ich das!

EDMUND Und jetzt hör mir zu, Mama. Ich will, daß du mir
eins versprichst, auch wenn sich die Krankheit als etwas
Schlimmeres herausstellen sollte, mußt du dir sagen, daß
ich trotzdem bald wieder auf dem Damm bin, und dich
ja nicht krankmachen vor Sorgen, sondern weiter auf
dich aufpassen wie bisher –

MARY *verschreckt* Solche Dummheiten höre ich mir gar
nicht an! Du hast nicht den mindesten Grund, so zu reden, als wärst du auf etwas Furchtbares gefaßt! Aber
gut, natürlich verspreche ich das. Großes Ehrenwort!
Dann traurig und bitter Aber ich habe schon viel versprochen, denkst du jetzt sicher –

EDMUND Nein!

MARY *Ihre Bitterkeit geht in ergebene Hilflosigkeit über.* Ich
mache dir keinen Vorwurf deswegen. Was sollst du auch
sonst denken? Das vergißt keiner von uns. *Mit seltsamer
Stimme* Das macht es ja so schwer, für uns alle. Daß wir
nichts vergessen können.

EDMUND *packt sie an den Schultern* Mama! Schluß jetzt!

MARY *zwingt sich zu einem Lächeln* Gut, gut, Kind. Ich
wollte keine düsteren Reden führen. Mach dir nichts
draus. Komm her. Laß mich deine Stirn fühlen. Na
siehst du, schön frisch und kühl. Ganz sicher kein Fieber
jetzt.

EDMUND Nichts vergessen! Aber grade du –

MARY Aber mit mir ist doch alles in Ordnung, Kind. *Sie*

wirft ihm einen schnellen, seltsam berechnenden, fast hinterlistigen Blick zu. Außer, daß ich heute früh etwas müde und nervös bin, wegen der schlechten Nacht. Ich glaube, ich lege mich lieber oben noch mal hin und mache ein Nickerchen bis zum Mittagessen.

Er blickt mit instinktivem Argwohn zu ihr hin – und dann, beschämt, schnell wieder weg. Sie fährt hastig fort.

Und was machst du so lange? Was lesen hier drinnen? Ein bißchen Sonne und frische Luft könnten dir gut tun, Aber nicht zuviel Hitze, denk dran. Setz mir ja einen Hut auf.

Sie hält inne, schaut ihm direkt ins Gesicht. Er weicht ihrem Blick aus. Eine gespannte Pause. Dann sagt sie höhnisch.

Oder traust du dich nicht, mich allein zu lassen?

EDMUND *gequält* Doch! Kannst du nicht aufhören, so zu reden? Ich glaube, du brauchst wirklich ein Schläfchen. *Er geht zur Schiebetür – gezwungen spaßhaft.* Ich geh mal, Jamie den Rücken stärken. Ich lieg zu gern im Schatten und schau bei der Arbeit zu.

Ein gezwungenes Lachen, in das sie ebenso gezwungen einfällt. Er geht auf die Veranda und verschwindet die Treppe hinunter. Sie wirkt fürs erste erleichtert, läßt sich aufatmend in einen Korbsessel hinter dem Tisch fallen, lehnt den Kopf zurück und schließt die Augen. Dann kehrt die Anspannung mit erschreckender Heftigkeit zurück. Sie öffnet die Augen und wird von einem Anfall von fahriger, blinder Angst nach vorn gezerrt. Sie kämpft wie eine Verzweifelte mit sich selbst. Ihre langen, vom Rheuma verkrümmten und verknoteten Finger trommeln gegen die Armlehnen, als führten sie ein ununterdrückbares Eigenleben, das nach dem ihren nicht fragt.

Vorhang

2. Akt, 1. Szene

Derselbe Schauplatz, gegen Viertel vor eins. Durch die Fensterreihe links fällt keine Sonne mehr. Draußen ist es noch schön, es wird aber allmählich schwül, und ein leichter Dunst mildert das grelle Augustlicht.
Edmund sitzt im Sessel rechts vom Tisch und liest – besser gesagt, versucht vergeblich, sich auf das Buch vor ihm zu konzentrieren. Offenbar horcht er auf Geräusche von oben. Er wirkt nervös und besorgt, und noch kränklicher als vorhin.
Cathleen, das zweite Hausmädchen, kommt aus dem Durchgangszimmer herein mit einer Flasche Markenbourbon, einigen Whiskygläsern und einem Krug Eiswasser auf dem Tablett. Sie ist ein irisches Bauernmädchen, Anfang Zwanzig, mit einem ländlich hübschen, rotbackigen Gesicht, schwarzem Haar und blauen Augen – umgänglich, ungebildet, tolpatschig und von undurchdringlicher, gutmütiger Begriffsstutzigkeit. Sie stellt das Tablett auf dem Tisch ab. Edmund tut so, als sei er zu sehr in sein Buch vertieft, um sie zu bemerken. Sie geht darüber hinweg.

CATHLEEN *mit geschwätziger Vertraulichkeit* Da wär der Whisky. Mittagessen is gleich soweit. Wollen Sie Ihren Vater und Mister Jamie rufen, oder soll ich?
EDMUND *ohne aufzublicken* Mach nur.
CATHLEEN Ihr Herr Vater könnt ruhig auch ab und zu auf die Uhr schaun. Jedesmal vertrödelt der mir das Mittagessen, grad wie mit Absicht, und ich werd dann von der Bridget zusammengestaucht, als ob ich was dafürkönnte. Aber ein Bild von einem Mann isser trotzdem, mit all den Jahren auf dem Buckel. So schön werdn Sie nie – und Mister Jamie auch nicht. *Sie kichert.* Wenn der

sich 'ne Uhr leisten könnt – der hätt schon längst mit der
Arbeit aufgehört und sich seinen Whisky genehmigt, da
geh ich jede Wette ein.

EDMUND *gibt den Versuch auf, sie zu übersehen und lächelt
verständnisinnig* Die gewinnst du.

CATHLEEN Und die nächste auch gleich, nämlich daß ich
die andern holen soll, damit Sie schon mal heimlich
einen zwitschern können, bevor sie da sind.

EDMUND Hab ich doch glatt noch gar nicht dran gedacht –

CATHLEEN Ach wo, Sie doch nicht, Sie werden ja nicht mal
naß, wenn's regnet!

EDMUND Aber nachdem du's mir nahelegst –

CATHLEEN *plötzlich ganz tugendhaft* Mister Edmund, den
Alkohol hab ich in meinem Leben noch keinem Menschen nicht nahegelegt, als hätt der nicht meinen Onkel
ins Grab gebracht damals in Irland daheim. *Einlenkend*
Naja, ein Glas ab und zu schadet auch nicht, wenn einer
griesgrämig ist oder die Grippe hat.

EDMUND Danke für die gute Ausrede. *Dann in gezwungen
beiläufigem Ton* Ruf doch auch gleich meine Mutter runter, ja?

CATHLEEN Wofür das denn? Die is immer pünktlich, auch
ohne Rufen. Die denkt ans Personal, da fehlt sich
nichts.

EDMUND Sie macht noch ein Nickerchen.

CATHLEEN Aber nicht, wie ich vorhin zum Aufräumen
oben war. Da hat sie im Gästezimmer gelegen und an die
Decke geschaut. Schreckliches Kopfweh, hat sie gesagt.

EDMUND *Sein beiläufiger Tonfall klingt noch forcierter.* Na
gut, dann ruf eben nur meinen Vater herein.

CATHLEEN *geht zur Verandatür und grummelt gutmütig vor
sich hin* Kein Wunder, wenn mich abends das Fußweh
fast umbringt. Aber mir in der Hitze einen Sonnenstich
holen – das doch nicht. Die Veranda reicht auch.
Sie tritt auf die Seitenveranda, knallt die Tür hinter sich

*zu und verschwindet in Richtung Vorderfront. Gleich
darauf hört man sie rufen.*

Mister Tyrone! Mister Jamie! Mittagessen!
*Edmund, der angsterfüllt vor sich hingestarrt und sein
Buch längst vergessen hat, springt entnervt auf.*

EDMUND Herrgott, dieser Trampel!

*Er schnappt sich die Flasche, schenkt sich Whisky ein,
gießt Eiswasser nach und trinkt. Dabei hört er jemanden
zur Haustür hereinkommen. Hastig stellt er das Glas aufs
Tablett zurück, setzt sich und schlägt das Buch auf. Jamie
kommt aus dem Salon, die Jacke über dem Arm. Kragen
und Krawatte hat er abgenommen und hält sie in der
Hand. Er wischt sich mit einem Taschentuch den Schweiß
von der Stirn. Edmund schaut auf, wie in seiner Lektüre
gestört. Jamie taxiert Flasche und Gläser mit einem Blick
und setzt ein zynisches Lächeln auf.*

JAMIE Schon heimlich einen gezwitschert, wie? Komm,
keine Spielchen, Kleiner. Zum Schauspieler taugst du
noch weniger als ich.

EDMUND *lächelt schuldbewußt* Ja, ich hab' mir was geschnappt, solang die Luft noch rein war.

JAMIE *legt ihm kameradschaftlich die Hand auf die Schulter*
Na siehst du. Mir was vormachen, wozu denn? Wir verstehen uns doch, oder?

EDMUND Ich hab' ja nicht wissen können, daß du's bist.

JAMIE Ich hab' den Alten gefragt, ob er nicht mal auf die
Uhr schauen möchte. Wie Cathleen losgeschmettert hat,
war ich schon halb im Haus. Die alte irische Wildgans,
die! Auf dem Bahnhof wär' sie richtig, die Züge ausru-
fen.

EDMUND Da hilft nur noch Schnaps. Nimm doch auch
noch schnell einen, bevor es zu spät ist.

JAMIE So was Ähnliches hab' ich auch vorgehabt. *Er geht
rasch zu einem Fenster links.* Der Alte hat mit Captain
Turner palavert. Kein Ende in Sicht. *Er kommt zurück
und gießt sich ein Glas ein.* Und jetzt die kleine Tarnung
vor dem Adlerauge. *Er hat sich gemerkt, wie voll die Fla-*

sche war. Jetzt füllt er zwei Gläser Wasser ab, gießt sie in den Whisky und schüttelt ihn durch. So. Das kann hinkommen. *Er gießt noch mal Wasser ins Glas und stellt es vor Edmund auf den Tisch.* Und das hier ist dein Aperitif.

EDMUND Soso. Und darauf fällt er rein, meinst du?

JAMIE Kaum. Aber beweisen kann er nichts. *Er legt Kragen und Krawatte wieder an.* Hoffentlich berauscht er sich nicht so an seiner Stimme, daß er das Mittagessen verschwitzt. Ich hab Hunger. *Er setzt sich Edmund gegenüber an den Tisch. Gereizt* Deswegen geht mir die Gartenarbeit vor dem Haus so gegen den Strich. Vor jedem Blödian, der vorbeikommt, muß er sich aufspielen.

EDMUND *niedergeschlagen* Du hast's gut mit deinem Hunger. Mir wär's gleich in meinem Zustand, wenn es nie mehr was zu essen gäbe.

JAMIE *mit besorgtem Blick* Hör zu, Kleiner. Du kennst mich, ich hab dir noch nie Predigten gehalten, aber Doktor Hardy hat recht, daß du jetzt die Finger von der Flasche lassen solltest.

EDMUND Das hab ich auch vor, wenn er mir heute nachmittag seine Hiobsbotschaft verklickert hat. Die paar Gläser bis dahin ändern auch nichts mehr.

JAMIE *zögert, dann langsam* Gut, daß du auf was Schlimmes gefaßt bist. Dann ist's leichter zu nehmen. *Er sieht Edmunds erschrockenen Blick.* Naja, daß du schwer angeschlagen bist, das ist doch klar, da mach dir mal nichts vor.

EDMUND *verstört* Tu ich auch nicht. Ich merk ja selber, wie mies es mir geht, und das Fieber und der Schüttelfrost nachts, die sind nicht grade komisch. Wahrscheinlich hat Doktor Hardy recht gehabt mit seinem Verdacht, und ich habe diese mistige Malaria wieder am Hals.

JAMIE Kann sein. Ich wär da nicht so sicher.

EDMUND Wieso? Was glaubst du denn?

JAMIE Woher soll ich das denn wissen, verdammt. Ich bin nicht der Arzt. *Unvermittelt* Wo ist Mama?

EDMUND Oben.

JAMIE *mustert ihn scharf* Seit wann?

EDMUND Och, seit ich mich zu euch zur Hecke gesetzt
habe, so ungefähr. Sie wollte ein Nickerchen machen.

JAMIE Und das sagst du mir jetzt erst?

EDMUND *abwehrend* Ja, warum? Was ist denn dabei? Sie
war übermüdet. Sie hat heute nacht kaum geschlafen.

JAMIE Das weiß ich auch.

Eine Pause. Beide meiden den Blick des andern.

EDMUND Mich hat das blöde Nebelhorn auch wachgehalten.

Neuerliche Pause

JAMIE Den ganzen Vormittag alleine oben, wie? Und du
hast nicht nach ihr geschaut?

EDMUND Nein. Ich hab' gelesen. Ich wollte sie nicht
stören.

JAMIE Kommt sie zum Essen runter?

EDMUND Selbstverständlich.

JAMIE *trocken* So selbstverständlich ist das nicht. Vielleicht
hat sie keinen Hunger. Oder sie läßt sich jede zweite
Mahlzeit aufs Zimmer bringen. Ist ja schon mal so gewesen, nicht?

EDMUND *ängstlich und erbost* Hör auf, Jamie, ja? Hast du
denn gar nichts anderes im Kopf, als immer nur – *Eindringlich* Aber diesmal bist du schief gewickelt. Cathleen hat vorhin mit Mama gesprochen. Kein Wort davon, daß sie zum Essen nicht herunterkommen wollte.

JAMIE Ich denke, sie hat ein Nickerchen gemacht?

EDMUND Da noch nicht. Aber sie hatte sich schon hingelegt, hat Cathleen gesagt.

JAMIE Im Gästezimmer?

EDMUND Ja. Ja. Warum denn nicht, Herrgott noch mal!

JAMIE *zornig* Idiot! Wieso hast du sie solang allein gelassen? Warum hast du dich nicht zu ihr gesetzt?

EDMUND Weil sie mir vorgeworfen hat, ich und du und
Papa, wir spionierten immer hinter ihr her und trauten
ihr nicht. Da habe ich mich geschämt. Ich kann mir vor-

stellen, wie schlimm das für sie sein muß. Und sie hat mir ihr großes Ehrenwort gegeben –

JAMIE *mit müder Bitterkeit* Daß das nichts zu sagen hat, solltest du inzwischen wissen.

EDMUND Diesmal doch!

JAMIE Das haben wir jedesmal geglaubt. *Er beugt sich über den Tisch und faßt Edmund freundschaftlich am Arm.* Paß auf, Kleiner, ich weiß, du hältst mich für einen zynischen kalten Hund, aber denk dran, ich schau diesem Spiel schon länger zu als du. Bis zum Gymnasium hast du nicht gewußt, was wirklich im Busch war. Papa und ich haben dich damit verschont. Dann mußten wir es dir schließlich sagen. Aber da wußte ich schon zehn Jahre lang Bescheid. Ich kenne alle Tricks auswendig, und wie sie sich heute nacht benommen hat, als wir ihrer Meinung nach alle schliefen, das ist mir den ganzen Vormittag nicht aus dem Kopf gegangen. Ich hab an gar nichts anderes mehr denken können. Und da kommst du daher und erzählst mir, wie sie dich aus dem Zimmer hinausmanövriert hat!

EDMUND Hat sie doch gar nicht! Du spinnst!

JAMIE *einlenkend* Schon gut, Kleiner. Spring mir nicht gleich an die Gurgel. Ich hoffe ja selbst, daß ich spinne. Ich war außer mir vor Glück, denn allmählich habe ich auch daran geglaubt, daß sie diesmal – *Er verstummt, schaut durch den Salon auf die Diele, senkt rasch die Stimme.* Sie kommt. Eins zu null für dich. Ich bin wirklich ein mißtrauischer Widerling.

Sie erstarren in hoffnungsvoller, ängstlicher Erwartung. Jamie knurrt.

Mist! Hätte ich doch bloß noch einen gekippt!

EDMUND Geht mir auch so.

Nervöses Hüsteln, das in einen echten Hustenanfall übergeht. Jamie wirft ihm einen besorgten und mitleidigen Blick zu. Mary kommt aus dem Salon herein. Sie erscheint aufs erste unverändert, höchstens weniger fahrig und mehr wie in der Stimmung nach dem Frühstück.

Doch dann fällt der stärkere Glanz in ihren Augen auf,
und in ihrer Stimme und ihrem Verhalten macht sich eine
seltsame Losgelöstheit bemerkbar, als wäre sie an ihren
Sätzen und Bewegungen innerlich nicht ganz beteiligt.

MARY *geht voller Sorge auf Edmund zu und legt den Arm*
um ihn Jetzt huste doch nicht so. Das ist nicht gut für
deinen Hals. Du willst dir doch nicht auch noch Halsweh
zu deiner Grippe holen.

Sie gibt ihm einen Kuß. Er hört auf zu husten. Er schaut
sie kurz und voller Befürchtungen an, aber ihre Zärtlich-
keit zerstreut alles aufkeimende Mißtrauen. Für den Au-
genblick glaubt er nur, was er glauben möchte. Jamie hin-
gegen sieht seinen Verdacht mit dem ersten, prüfenden
Blick bestätigt. Er schlägt die Augen nieder und starrt auf
den Boden, sein Gesichtsausdruck erstarrt zu zynischer,
abwehrender Verbitterung. Mary redet weiter, halb auf
die Armlehne von Edmunds Sessel niedergelassen und
mit dem Arm um seine Schulter, so daß sie über ihm zu
sitzen kommt, und er ihr nicht in die Augen sehen
kann.

Ja, ich weiß schon, ich mit meinem ewigen Genörgel, tu
dies nicht, tu das nicht! Nimm's mir nicht übel, Kind. Ich
paß nun mal gerne auf dich auf.

EDMUND Ich weiß, Mama. Und du? Hast du dich ausge-
ruht?

MARY Und wie. Nichts ~~wie~~ als im Bett gelümmelt, seit du
draußen warst. Das hat gut getan nach der schlaflosen
Nacht. Ich bin jetzt ruhiger.

EDMUND Na, Gott sei Dank.

Er tätschelt ihre Hand auf seiner Schulter. Jamie schaut
ihn befremdet, fast verächtlich an, im Zweifel, ob sein
Bruder das ernst meinen kann. Edmund bemerkt den
Blick nicht, aber seine Mutter sehr wohl.

MARY *forcierte Hänselei* Meine Güte, Jamie, wie du miese-
petrig dreinschaust! Was ist dir denn über die Leber gelaufen?

JAMIE *ohne sie anzuschauen* Nichts.

MARY Ach ja, richtig, du hast ja vor dem Haus gearbeitet.
Deswegen ist jetzt die Laune im Keller, was?

JAMIE Wie du meinst, Mama.

MARY *unveränderter Tonfall* Naja, in der Stimmung bist du
danach doch immer, nicht? Riesenbaby, du! Stimmt
doch, Edmund, oder?

EDMUND Jedenfalls idiotisch, sich immer nur nach anderen
zu richten.

MARY *mit sonderbarer Stimme* Ja, da hast du recht. Das soll
man nie. *Sie erhascht Jamies bitteren Blick und wechselt
das Thema.* Wo bleibt nur euer Vater? Cathleen hat ihn
doch schon längst gerufen.

EDMUND Jamie hat ihn gerade noch mit Captain Turner
schwatzen sehen. Er läßt uns wie immer warten.
*Jamie geht zu der Fensterreihe links, froh, einen Vorwand
zu haben, sich entziehen zu können.*

MARY Wie oft hab'ich Cathleen schon gesagt, sie soll zu
ihm hingehen, wenn es was gibt. Eine Unverschämt-
heit, hier herumzubrüllen wie in einer billigen Absteige!

JAMIE *schaut aus dem Fenster* Sie ist schon bei ihm. Die
goldene Sammetstimme so roh zu unterbrechen! Wie respektlos!

MARY *scharf. Ihr Zorn auf ihn entlädt sich.* Du bist respektlos! Zieh'nicht immer über deinen Vater her! Das laß ge-
fälligst! Du kannst dir was darauf einbilden, daß du sein
Sohn bist! Gut, er mag seine Fehler haben. Die hat jeder. Aber er hat sein Leben lang hart gearbeitet und es
ohne Geld und Bildung bis ganz nach oben in seinem
Beruf gebracht! Keiner, der ihn dafür nicht bewundert –
und du, der du nie was richtig angepackt hast und auf
seine Kosten lebst, hast am wenigsten Grund zum
Spott!
*Jamie hat sich betroffen umgedreht und starrt sie ankla-
gend und feindselig an. Sie weicht seinem Blick beschämt
aus und fährt versöhnlicher fort.*
Bedenk'doch, Jamie, dein Vater wird auch allmählich
alt. Sei doch nicht so rücksichtslos.

JAMIE Rücksichtslos! Ich!

EDMUND *unbehaglich* Jetzt laß mal, Jamie.

Jamie schaut weiter aus dem Fenster.

Und du, Mama, wieso gehst du auf einmal auf Jamie los?

MARY *verbittert* Weil er ewig über alle herziehen muß, und immer hat er es auf ihre schwächste Stelle abgesehen. *Sie wechselt befremdlich und unvermittelt in einen teilnahmslosen, unpersönlichen Ton über.* Aber so hat ihn das Leben nun mal gemacht, er kann auch nichts dafür. Keiner kann was dafür, was es aus ihm gemacht hat. Es ist passiert, bevor man's merkt, und treibt einen immer weiter, bis man nicht mehr sehen kann, was man einmal gewollt hat. Und dann hat man sein wahres Selbst für alle Zeit verloren.

Edmund, von ihrer seltsamen Art beunruhigt, wendet den Kopf und sucht vergeblich ihren abgewandten Blick. Auch Jamie dreht sich zu ihr um und schaut dann wieder aus dem Fenster.

JAMIE *mürrisch* Ich hab Hunger, verdammt. Kann der Alte sich nicht endlich mal bewegen? Ich find's saumäßig, zuerst zu spät zum Essen kommen, und dann meckern, wenn's verkocht ist.

MARY *reagiert automatisch mit oberflächlicher Verärgerung, hinter der aber Gleichgültigkeit steckt* Ja, Jamie, das nervt. Mehr, als du dir vorstellen kannst. Du mußt dich nicht mit Dienstboten herumschlagen, die sich um nichts kümmern, weil sie nur für einen Sommer angestellt sind. Für gutes Personal braucht man einen festen Wohnsitz, kein Sommerhäuschen. Und was die besseren Saisonkräfte verlangen, will dein Vater nicht bezahlen. Und also kann ich mich Jahr für Jahr mit denselben dummen und faulen Stümperinnen herumärgern. Jaja, das hab ich euch schon hundertmal vorgejammert. Ihm auch, aber was bei ihm zum einen Ohr hineingeht, geht zum anderen hinaus. Haushaltskosten sind für ihn Geldverschwendung. Er hat zu lange in Hotels gewohnt. Keinen

49

guten, immer nur in drittklassigen. Er weiß nicht, was Daheim-sein heißt. Er fühlt sich nirgends heimisch. Aber ein Haus will er. Sogar auf diese Bruchbude ist er noch stolz. Er findet sie herrlich. *Sie lacht – belustigt, und doch hoffnungslos*. Zum Lachen, eigentlich. Ein sonderbarer Kauz.

EDMUND *sucht wieder verstört ihren Blick* Du kommst ja vom Hundertsten ins Tausendste, Mama, was ist denn?

MARY *wechselt schnell ins Beiläufige, tätschelt ihm die Wange* Nichts weiter, Junge, Lauter Flausen.

Bei ihrer Antwort kommt Cathleen aus dem Durchgangszimmer herein.

CATHLEEN *großer Redeschwall* Mittagessen wär soweit, gnä' Frau. Zu Mister Tyrone bin ich runter, wie Sie mir's gesagt haben, und er hat auch versprochen, er kommt gleich, aber dann hat er seinem Bekannten weitererzählt von den Zeiten damals, wie er –

MARY *unbeteiligt* Schon gut, Cathleen. Sag Bridget, es dauert leider noch ein bißchen, bis Mister Tyrone oben ist.

Cathleen murrt: ›Ja, gnä' Frau‹ und geht grummelnd wieder hinaus.

JAMIE Warum läßt du nicht ohne ihn auftragen, verdammt noch mal? Hat er doch neulich selber vorgeschlagen.

MARY *mit abwesendem, amüsiertem Lächeln* Das hat er nicht ernst gemeint. Langsam müßtest du doch deinen Vater kennen. Er wäre schwer beleidigt.

EDMUND *springt auf, als sei er froh für einen Vorwand zum Hinausgehen* Ich mach ihm schon Beine. *Er geht auf die Seitenveranda und schreit von dort erbost.* He, Papa! Mach doch endlich! Wie lang soll das denn noch dauern! *Mary ist aufgestanden. Sie fährt unruhig mit den Händen über die Tischplatte. Sie schaut Jamie nicht an, aber spürt seinen zynisch abschätzenden Blick auf ihrem Gesicht und ihren Händen.*

MARY *angespannt* Was starrst du mich an?

JAMIE Das weißt du ganz genau. *Er wendet sich wieder zum Fenster.*

MARY Gar nichts weiß ich.

JAMIE Ja glaubst du vielleicht, mir machst du was vor,
Mama? Ich bin doch nicht blind.

MARY *schaut ihn direkt an, das Gesicht eine leere Maske trotziger Ableugnung* Keine Ahnung, was du meinst.

JAMIE Nein? Dann schau dir mal deine Augen im Spiegel
an!

EDMUND *kommt von der Veranda zurück* So, jetzt hab ich
Papa losgeeist. Er muß gleich da sein. *Sein Blick, den
seine Mutter verstört meidet, wandert zwischen den beiden hin und her.* Was ist denn los? Was hast du auf einmal, Mama?

MARY *von Edmunds Eintritt aus der Fassung gebracht, in
aufgeregter, schuldbewußter Nervosität* Dein Bruder war
unverschämt zu mir. Er hat mir weiß Gott was nicht alles
unterstellt.

EDMUND *geht auf Jamie los* Du blöde Sau!
*Er geht drohend auf ihn zu. Jamie kehrt ihm achselzuk-
kend den Rücken zu und schaut aus dem Fenster.*

MARY *gerät noch mehr aus der Fassung, packt Edmund am
Arm, sehr erregt* Du hörst jetzt sofort damit auf, ja?
Wie kannst du solche Ausdrücke vor mir gebrauchen!
*Sie verfällt unvermittelt in den sonderbaren, unbeteiligten
Ton von vorhin.* Du tust deinem Bruder Unrecht. Was
die Vergangenheit aus ihm gemacht hat, das muß er le-
ben, dafür kann er nichts, Genausowenig wie dein Vater,
oder du, oder ich.

EDMUND *klammert sich verängstigt an den letzten Stroh-
halm* Er lügt! Sag, daß es nicht wahr ist, Mama!

MARY *weiter mit abgewandtem Gesicht* Was soll nicht wahr
sein? Jetzt redest du auch noch in Rätseln wie dein Bruder. *Sie begegnet seinem bestürzten, anklagenden Blick.
Sie stammelt.* Edmund! Nicht! *Sie sieht weg und findet
sofort zu der vorigen fremdartigen Teilnahmslosigkeit zurück.* Da kommt euer Vater die Treppe hoch. Ich muß
Bridget Bescheid geben.
Sie geht ins Durchgangszimmer hinaus. Edmund kehrt

*schleppend zu seinem Sessel zurück. Er wirkt krank und
endgültig entmutigt.*

JAMIE *vom Fenster her, ohne sich umzudrehen* Na?

EDMUND *das Eingeständnis verweigernd, in halbherzigem
Trotz* Na – gar nichts, na. Du Lügner!

*Jamie zuckt wieder die Achseln. Die vordere Verandatür
fällt ins Schloß. Edmund bedrückt*

Da ist er. Hoffentlich knausert er jetzt nicht mit dem
Stoff.

*Tyrone kommt durch den Salon herein. Er zieht sich die
Jacke an.*

TYRONE Entschuldigt die Verspätung. Captain Turner hat
mich aufgehalten, wenn der mal ins Schwatzen kommt,
ist er nicht mehr zu bremsen.

JAMIE *ohne sich umzudrehen, trocken* Wenn der mal ins
Zuhören kommt, meinst du wohl.

*Sein Vater schaut ihn voller Abneigung an. Er tritt zum
Tisch und wirft einen prüfenden Blick auf den Inhalt der
Whiskyflasche. Jamie weiß das, auch ohne sich umzudre-
hen.*

Keine Sorge. Die Flasche ist noch genauso voll wie vorhin.

TYRONE Ich habe gar nicht nachgeschaut. *Fügt bissig hinzu*
Das hätte auch nichts genutzt, solang du in der Nähe
bist. So schlau wie du bin ich schon längst.

EDMUND *trübsinnig* Hast du grade gesagt, kommt, trinken
wir doch einen?

TYRONE *stirnrunzelnd* Für Jamie gern, er hat den ganzen
Vormittag geschuftet, aber dir biete ich lieber keinen an.
Doktor Hardy –

EDMUND Pfeif doch auf Doktor Hardy. Ein Schluck bringt
mich nicht gleich um. Ich bin – vollkommen runter,
Papa.

TYRONE *mit besorgtem Blick und falscher Herzlichkeit* Also
gut, meinetwegen. Ein anständiger Whisky vor dem Essen, sage ich immer, ist das beste Hausmittel, solang's in
Maßen bleibt.

Edmund steht auf, läßt sich von seinem Vater die Flasche

reichen und gießt sich das Glas sehr voll. Tyrone runzelt nochmals mahnend die Stirn.

In Maßen, hab' ich gesagt. *Er schenkt sich selbst ein Glas ein, gibt die Flasche an Jamie weiter und brummt dabei.* Bei dir red' ich gar nicht erst von Mäßigung.

Jamie überhört die Anspielung und gießt sich das Glas sehr voll. Sein Vater knurrt, gibt seine Erziehungsversuche auf, hebt sein Glas. Wieder mit falscher Herzlichkeit

Also zum Wohl, Glück und Gesundheit allerseits!

Edmund lacht bitter auf.

EDMUND Mach Witze.

TYRONE Was?

EDMUND Ach nichts. Prost.

Sie trinken.

TYRONE *bemerkt auf einmal die schlechte Stimmung* Was ist denn los? Die dicke Luft hier drinnen ist ja zum Schneiden! *Vorwurfsvoll zu Jamie* Jetzt hast du doch, was du willst, oder? Warum läßt du dann den Kopf hängen?

JAMIE *achselzuckend* Dir vergeht auch bald dein Tralala.

EDMUND Halt' die Klappe, Jamie.

TYRONE *fühlt sich unwohl und wechselt das Thema* Ich denke, das Essen ist fertig. Ich hab' Kohldampf wie ein Scheunendrescher. Wo ist denn eure Mutter?

MARY *ruft aus dem Durchgangszimmer* Bin schon da. *Sie kommt herein, aufgeregt und befangen. Sie schaut sich rasch um, aber keinem ins Gesicht.* Ich habe Bridget noch besänftigen müssen. Sie hat getobt, weil du schon wieder zu spät gekommen bist, und eigentlich hat sie auch recht. Wenn das Essen hinüber ist, geschieht's dir recht, hat sie gesagt, wenn's ihm nicht schmeckt, soll er es stehen lassen. *Zunehmend erregt* Ach, ich hab' es satt bis obenhin, so zu tun, als wäre dies ein ordentliches Haus. Und du läßt mich auch im Stich. Keinen Finger rührst du! Du weißt gar nicht, was ein Zuhause ist! Du willst gar keins, hast nie eines gewollt, solange wir verheiratet sind, nicht. Junggeselle hättest du bleiben sollen

53

und weiter in deinen drittklassigen Hotels wohnen und
deine Saufkumpane in die Bars ausführen! *Dann in selt-
samem Ton, mehr zu sich selbst als zu Tyrone* Dann wäre
auch nie etwas passiert.

*Alle starren sie an. Tyrone hat begriffen. Auf einmal wirkt
er wie ein müder, todtrauriger alter Mann. Edmund erkennt mit einem kurzen Blick, daß sein Vater Bescheid
weiß. Trotzdem will er seiner Mutter eine Warnung zu-
kommen lassen.*

EDMUND Mama! Was redest du denn daher. Gehen wir lieber zu Tisch.

MARY *schrickt zusammen und setzt sofort wieder ein unnatürlich unbeteiligtes Gesicht auf. Sie lacht sogar mit amü-
sierter Ironie in sich hinein.* Da wühle ich in der Vergangenheit herum und kann mir doch denken, was dein Vater und Jamie für einen Hunger haben müssen! Wirklich
rücksichtslos von mir. *Legt Edmund den Arm um die
Schulter. Mit liebevoller, zugleich distanzierter Besorgnis*
Hoffentlich hast du auch ein wenig Appetit, mein Junge.
Du mußt einfach mehr essen. *Ihr Blick bleibt an dem
Whiskyglas vor ihm hängen – scharf.* Was hat denn das
Glas da zu suchen? Du hast doch nichts getrunken? Du
Dummkopf! Das ist Gift für dich, das weißt du doch! *Sie
geht auf Tyrone los.* Du bist schuld, Tyrone. Wieso hast
du das zugelassen! Willst du ihn umbringen? Weißt du
nicht mehr, mein Vater? Der hat auch nicht damit aufhören wollen, bis er todkrank war. Für ihn waren Ärzte nur
Idioten. Hat Whisky für ein Hausmittel gehalten, genau
wie du! *Entsetzen tritt in ihre Augen, sie stammelt.* Ich
weiß nicht, wie ich – das kann man doch alles nicht vergleichen. Bitte entschuldige mein Gezeter, James. Ein
Gläschen kann Edmund ja nichts schaden. Am Ende tut
es ihm sogar gut und macht ihm Appetit.

*Sie tätschelt Edmund die Wange, sonderbar entrückt wie
eben. Er zuckt zurück. Sie bemerkt das anscheinend
nicht, läßt aber instinktiv von ihm ab.*

JAMIE *grob, um seine Anspannung zu vertuschen* Also, was

ist jetzt mit dem Essen? Nach der Drecksarbeit unter der blöden Hecke den ganzen Vormittag hab'ich mir doch wohl wenigstens mein Futter verdient. *Ohne seine Mutter anzuschauen, macht er einen Bogen um den Vater und packt Edmund an der Schulter.* Los, Kleiner. Marsch an die Krippe.

Edmund steht auf, den Blick von der Mutter abgewandt. Die beiden gehen an ihr vorbei aufs Durchgangszimmer zu.

TYRONE *bedrückt* Geht schon mal mit eurer Mutter vor, Jungs. Ich komme gleich.

Aber sie gehen ohne ihre Mutter hinaus. Hilflos und gekränkt schaut sie ihnen nach, dann will sie ihnen hinterhergehen. Sie spürt Tyrones traurigen und anklagenden Blick auf sich ruhen und dreht sich abrupt zu ihm um, ohne ihm ins Gesicht zu sehen.

MARY Was siehst du mich so an? *Sie streicht sich fahrig übers Haar.* Sind meine Haare nicht in Ordnung? Ich war wie zerschlagen nach der letzten Nacht und wollte mich heute vormittag lieber noch mal ein bißchen hinlegen. Ich bin auch eingenickt, und das hat mir gutgetan. Aber ich hab'mich beim Aufstehen ganz bestimmt noch mal frisiert. *Gezwungenes Lachen* Obwohl meine Brille wieder mal verschwunden war. *Scharf* Starr'mich nicht so an! Als wolltest du mir vorwerfen – *Dann flehentlich* Versteh doch, James!

TYRONE *mit verhaltener Wut* Ich versteh'bloß, was ich für ein Hornochse war, an dich zu glauben! *Er wendet sich ab von ihr und gießt sich ein sehr volles Glas ein.*

MARY *ihr Gesicht wieder eine Maske trotziger Herausforderung* ›An mich glauben‹ nennst du das? Ich habe nichts als Mißtrauen und Belauerungen und Verdächtigungen gespürt. *Anklagend* Wieso trinkst du weiter? Sonst reicht dir doch ein Glas vor dem Essen. *Verbittert* Na, dann weiß ich ja, was mir bevorsteht. Bis heute abend bist du besoffen. Wäre ja schließlich nicht das erste Mal, oder? – Eher schon das tausendste. *Wieder flehentlicher*

Ausbruch Ach, James, bitte! Versteh mich doch! Ich mache mir so schreckliche Sorgen um Edmund. Ich habe solche Angst, er könnte –

TYRONE Mary, ich hab keine Lust, mir deine Ausreden anzuhören.

MARY *wehrlos* Ausreden? Du meinst –? Aber das kannst du doch nicht im Ernst – Das darfst du nicht glauben, James. *Sie entzieht sich wieder in ihre befremdliche Abgelöstheit, wie beiläufig.* Wollen wir nicht lieber zu Tisch gehen, Schatz? Ich will zwar nichts essen, aber du mußt doch hungrig sein.

Er geht langsam wie ein alter Mann auf sie zu. Als er vor ihr unter der Tür steht, ruft sie kläglich aus.

Ich hab's versucht, James, So sehr versucht! Glaub es mir –!

TYRONE *gegen seinen Willen gerührt – entwaffnet* Ich glaub dir ja, Mary. *Dann schmerzlich* Aber warum, um Gottes willen, hast du nicht durchgehalten?

MARY *wieder die Maske* Wovon redest du denn? Was durchgehalten?

TYRONE *hoffnungslos* Ach, laß nur. Es hat doch keinen Zweck mehr.

Sie bleibt an seiner Seite. Er geht schleppend zum Durchgangszimmer hinaus.

Vorhang

2. Akt, 2. Szene

Derselbe Schauplatz, etwa eine halbe Stunde später. Das Tablett mit der Whiskyflasche ist vom Tisch geräumt. Wenn der Vorhang aufgeht, kehrt die Familie vom Mittagessen zurück. Mary kommt als erste aus dem Durchgangszimmer, dann Tyrone, also kein gemeinsamer Auftritt wie nach dem Frühstück zu Beginn des Stücks. Er meidet ihre Nähe und ihren Anblick. In seinem Gesicht steht tiefe Mißbilligung, in die sich bereits eine alte, erschöpfte und wehrlose Entmutigung mischt. Hinter ihm Jamie und Edmund. Jamies Gesicht ist in Zynismus und Abwehr erstarrt, um die Edmund vergeblich ringt. Er ist von seiner seelischen Qual so deutlich gezeichnet wie von seiner körperlichen Krankheit.
Mary ist wieder hochgradig nervös, als wäre ihr das gemeinsame Mittagessen zuviel geworden. Zugleich, und im Gegensatz dazu, hat die fremdartige, von ihrer Angst und Erregung ganz losgelöste Entrücktheit noch mehr von ihr Besitz ergriffen.
Beim Eintreten redet sie vor sich hin – ein beiläufiges Geplätscher über den Familienalltag. Daß ihr niemand, weder die andern, noch sie selbst, dabei folgt, ist ihr offenbar gleichgültig. Während sie redet, geht sie zur rechten Tischseite und wendet sich nach vorn. Mit der einen Hand nestelt sie an ihrem Ausschnitt, die andere fährt unruhig über die Tischplatte. Tyrone steckt sich eine Zigarre an, geht zur Schiebetür und starrt nach draußen. Jamie stopft sich eine Pfeife aus einem Tabakkrug auf dem Bücherregal. Zum Anzünden geht er zu einem der Fenster links und schaut hinaus. Edmund setzt sich in einen Sessel am Tisch, halb von der Mutter abgewandt, um ihr nicht zusehen zu müssen.

57

MARY Es ist ganz zwecklos, Bridget Vorwürfe zu machen.
Sie hört gar nicht hin. Und mit der Kündigung drohen
kann ich ihr auch nicht, sonst bin ich sie los. Manchmal
strengt sie sich ja auch an, Leider anscheinend immer
nur dann, wenn du gerade deinen Trödeltag hast, James.
Trösten wir uns damit, daß man es ihrem Essen sowieso
kaum anmerkt, ob sie sich anstrengt oder nicht. *Kleines
Auflachen in unbeteiligter Belustigung. Gleichgültig*
Aber sei's drum. Der Sommer ist ja Gottlob bald vorbei.
Dann fängt die Spielzeit wieder an, und wir dürfen zurück in die drittklassigen Hotels und die Eisenbahnzüge.
Die sind mir zwar auch zuwider, aber dort erwarte ich
wenigstens keine Häuslichkeit und brauche mich nicht
um den Kleinkram zu kümmern. Warum sollten Bridget
und Cathleen sich anstrengen? Das ist doch Blödsinn.
Die wissen genau wie wir, daß das kein ordentliches
Haus ist, Nie war und nie sein wird.

TYRONE *verbittert, ohne sich umzudrehen* Nein, von jetzt
an nicht mehr. Das war einmal, vor deiner –

MARY *das Gesicht sofort wieder leere, leugnende Maske* Vor
meiner was? *Eisiges Schweigen. Wie vorhin unbeküm-
mert* Ach nein. Was du auch dagegen sagen wolltest, es
stimmt nicht. Wir sind hier nie zu Haus gewesen. Du
hast immer lieber im Club oder in der Kneipe herumgesessen. Und ich habe mich hier immer so verlassen gefühlt wie in einer heruntergekommenen Absteige. Zu
Hause fühlt man sich nie verlassen. Ich rede aus Erfahrung, das darfst du nicht vergessen. Bei meinem Vater
daheim –, aber dann habe ich ja dich geheiratet. *Durch
eine Gedankenverbindung kommt ihr Edmund in den
Sinn. Sie wendet sich ihm mit zärtlicher Besorgnis, aber
zugleich seltsam abwesend, zu.* Ich mache mir Sorgen,
Edmund. Du hast kaum was angerührt. So darfst du
nicht mit dir umgehen. Ich kann's mir leisten, einmal
nichts zu essen. Ich bin sowieso zu dick. Aber du
brauchst es doch, Kind. *Mütterlich schmeichelnd* Bitte,
versprich es mir, tu es mir zuliebe.

58

EDMUND *stumpf* Ja, Mama.

MARY *tätschelt ihm die Wange. Er verbeißt sich ein Zurück-*
schaudern. Das ist lieb von dir.
Wieder eisiges Schweigen. Dann klingelt das Telefon in
der Diele. Alles erstarrt.

TYRONE *eilig* Ich geh'schon dran. Es wird McGuire sein. *Er*
geht durch den Salon hinaus.

MARY *gleichgültig* So so, McGuire. Der hat wohl wieder
mal ein Grundstück an der Hand, für das er keinen
Dummen findet. Inzwischen ist es mir ja gleich, aber anscheinend kann sich euer Vater jede Menge Häuser leisten – nur für mich keins. *Sie wird auf Tyrones Stimme*
aus der Diele aufmerksam.

TYRONE Hallo. *Gezwungene Herzlichkeit* Ach Sie, Herr
Doktor.
Jamie dreht sich am Fenster um. Marys Fingerspiel auf
der Tischplatte wird fahriger. Aus Tyrones veränderter
Stimme geht hervor, daß er etwas Unangenehmes er-
fährt!
Aha – *Hastig* Ja, gut, alles Weitere können Sie ihm ja
selbst erklären. Ja, er kommt ganz bestimmt. Um vier
Uhr dann. Ich schaue vorher selbst noch kurz vorbei. Ich
muß ohnehin geschäftlich in die Stadt. Wiedersehen,
Doktor Hardy.

EDMUND *stumpf* Das hat sich nicht nach einer Freudenbot-
schaft angehört.
Jamie wirft ihm einen mitleidigen Blick zu, schaut dann
wieder aus dem Fenster. Marys Gesicht zeigt Entsetzen,
ihre Hände geraten ins Flattern. Tyrone kommt herein.
Mit deutlich angestrengter Beiläufigkeit zu Edmund

TYRONE Doktor Hardy. Er möchte, daß du pünktlich um
vier Uhr bei ihm bist.

EDMUND *stumpf* Und was hat er gesagt? Naja, mir ist das
jetzt auch egal.

MARY *erregter Ausbruch* Darauf gebe ich nichts, und wenn
er auf einen Stapel Bibeln schwört. Du darfst ihm kein
Wort glauben, Edmund.

TYRONE *scharf* Mary!

MARY *noch erregter* Ach, James, wir wissen doch alle, was du an ihm schätzt. Daß er billig ist! Mir kannst du nichts erzählen. Ich kenne deinen Doktor Hardy, das ist weiß Gott nicht schwer nach all den Jahren. Ein unfähiger Dummkopf! Polizeilich verboten gehört so was. Der hat keinen blassen Dunst – du kannst halb wahnsinnig vor Schmerzen sein, dann sitzt der immer noch da und hält dir die Hand und salbadert über Willensstärke! *Ihr Gesicht verzieht sich vor heftigem Schmerz bei der Erinnerung. Sie spricht jetzt ohne Rückhalt. Verbitterter Haß* Er demütigt dich absichtlich! Er will, daß du vor ihm kriechst und bettelst! Er behandelt dich, als hättest du was verbrochen! Nichts kapiert der! Und genauso ein billiger Pfuscher dreht dir dann sein Wundermittel an –, und wenn du merkst, was für eins, ist es zu spät! *Außer sich* Wie ich die Ärzte hasse! Die machen alles mit dir, alles, bloß damit du weiter zu ihnen rennst. Die verkaufen sich mit Leib und Seele! Und dich dazu –, aber davon weißt du nichts, bis du in der Hölle aufwachst!

EDMUND Mama! Hör auf, um Gottes willen!

TYRONE *aufgewühlt* Ja, Mary, doch nicht ausgerechnet jetzt –

MARY *von schuldbewußter Verwirrung überkommen, stammelnd* Ich – bitte verzeih mir. Du hast recht. Jetzt hat der Zorn keinen Zweck mehr. *Wieder Totenstille. Beim Weitersprechen wirkt sie ruhig und gelassen, ihre befremdliche Entrücktheit ist wieder spürbar.* Ich geh mal rasch nach oben, entschuldigt bitte. Ich muß mir die Haare richten. *Lächelnd* Das heißt, wenn ich meine Brille finden kann. Ich bin gleich wieder da.

TYRONE *als sie durch die Tür geht, vorwurfsvoll und flehentlich* Mary!

MARY *dreht sich um und schaut ihn groß an* Ja, Schatz? Was denn?

TYRONE *wehrlos* Nichts.

MARY *mit befremdlichem, spöttischem Lächeln* Du kannst

gern mit hinaufkommen, wenn du dich nicht traust, mich allein zu lassen.

TYRONE Als wenn das zu was gut wäre! Dann schiebst du es nur auf. Außerdem bin ich nicht dein Wärter. Wir sind hier in keinem Gefängnis.

MARY Nein. Ich weiß, du bildest dir weiter ein, wir wären hier zu Hause. *Mit entrückter Zerknirschung* Entschuldige, Schatz. Das sollte nicht so verbittert klingen. Du kannst ja nichts dafür.

Sie dreht sich um und verschwindet im Durchgangszimmer. Die drei Zurückgebliebenen schweigen, als wollten sie nicht sprechen, bevor Mary oben ist.

JAMIE *brutal zynisch* Der nächste Schuß.

EDMUND *im Zorn* Laß deine Sprüche!

TYRONE Ja! Halt jetzt dein dreckiges Maul, du, mit deinem widerwärtigen Pennerjargon. So was wie Mitleid oder Anstand kennst du wohl nicht? *Wütend* Du gehörst rausgeschmissen! Aber du weißt ja nur zu gut, wer dann anfinge, mir was vorzuheulen und zu betteln und zu jammern, bis du wieder da wärst.

JAMIE *Sein Gesicht verzerrt sich vor Schmerz.* Ja, ich weiß, verdammt. Ich und kein Mitleid? Mir blutet das Herz, wenn ich ihr zuschaue. Ich weiß nämlich besser als du, wie schwer dieses Spiel zu gewinnen ist! Und der Jargon hat nichts mit Gefühllosigkeit zu tun. Ich habe nur ausgesprochen, was wir alle wissen, und was uns jetzt wieder mal bevorsteht. *Bitter* Die Entziehungskuren sind alle nur Trostpflästerchen. In Wahrheit gibt es keine Entziehung, wir haben uns alle nur was vorgemacht. *Zynisch* Keiner kehrt wieder!

EDMUND *äfft voller Verachtung den Bruder nach* Keiner kehrt wieder! Alles geritzt, alles nur abgekartet! Wir sind die Deppen und Gelackmeierten und können das Spiel nur verlieren! *Geringschätzig* Herrje, wenn ich so denken wollte wie du –

JAMIE *betroffen, dann achselzuckend, trocken* Den Eindruck hast du mir allerdings gemacht. Deine Gedichte

klingen nicht gerade fröhlich. Und das Zeug in den Büchern, die du angeblich so bewunderst, auch nicht. *Er
deutet nach hinten auf das wohlbestückte Bücherregal.*
Dein Leib- und Magen-Philosoph, wie heißt er gleich –

EDMUND Nietzsche. Reiß nicht das Maul auf! Du hast ihn
nie gelesen.

JAMIE Genug, um zu wissen, daß er Blech redet.

TYRONE Schluß jetzt, alle beide! Was du aus der Gosse auf-
geschnappt hast und Edmund aus seinen sauberen Büchern, das ist für mich Jacke wie Hose. Alles faul bis ins
Mark. Alle zwei habt ihr den angestammten Glauben
eurer Väter verraten, der heiligen katholischen Kirche
den Rücken gekehrt, und was hat es euch eingetragen?
Daß ihr euch selbst kaputtmacht!
*Die Söhne strafen ihn mit Verachtung. Ihr Streit ist ver-
gessen, und sie machen gemeinsam gegen ihn Front.*

EDMUND Jetzt redest du Blech, Papa!

JAMIE Wir sind wenigstens keine Heuchler. *Bissig* Soviel
ich sehe, hast du dir auf der Kirchenbank auch noch
keine Löcher in die Hosenbeine gewetzt.

TYRONE Gut, ein praktizierender Katholik bin ich nicht,
Gott wird's mir nachsehen. Aber den Glauben habe ich!
Zornig Außerdem lügst du! Ich geh vielleicht nicht in die
Kirche, aber ich habe mich noch jeden Morgen und
abend hingekniet und gebetet!

EDMUND *sarkastisch* Für Mama auch?

TYRONE Allerdings. Über all die langen Jahre hinweg.

EDMUND Dann hat Nietzsche wohl doch recht. *Er zitiert
aus dem ›Zarathustra‹.* ›Gott ist tot; aus Mitleid für die
Menschen ist Er gestorben‹.

TYRONE *überhört das* Hätte eure Mutter nur auch gebetet.
– Sie hat ihren Glauben nicht verleugnet, aber vergessen
hat sie ihn, und deswegen fehlt ihr jetzt die Seelenkraft,
um gegen ihren Fluch zu kämpfen. *Dumpfe Resignation*
Aber was sollen die Worte. Wir haben schon einmal damit leben müssen, und jetzt ist es wieder soweit. Da hilft
uns nichts. *Bitter* Wenn sie mir diesmal bloß nicht soviel

Hoffnung gemacht hätte! Davon bin ich ein für alle Mal geheilt.

EDMUND Sag doch so was nicht, Papa! *Trotzig* Ich habe noch nicht aufgesteckt. Sie hat grade erst angefangen. Sie kann noch nicht ganz davon beherrscht sein. Noch kann sie aufhören. Ich muß mit ihr reden.

JAMIE *zuckt die Achseln* Mit ihr reden ist aussichtslos jetzt. Sie hört dich und hört dich nicht. Sie ist da und nicht da. Du kennst doch ihren Zustand, wenn –

TYRONE Ja, genauso wirkt das Zeug bei ihr. Und jetzt driftet sie weg von uns, jedesmal ein Stück weiter, bis sie schließlich jeden Tag spät in der Nacht –

EDMUND *verzagt* Papa, hör doch auf! *Er springt vom Sessel auf.* Ich geh mich umziehen. *Im Hinausgehen, bitter* Und damit sie nicht auf die Idee kommt, ich spionierte ihr nach, mach ich soviel Krach, wie ich kann. *Er geht durch den Salon hinaus und poltert die Treppe hinauf.*

JAMIE *nach einer Pause* Was hat dir Doktor Hardy gesagt?

TYRONE *stumpf* Du hast recht gehabt. Es ist Tuberkulose.

JAMIE Mist!

TYRONE Jeder Zweifel sei ausgeschlossen.

JAMIE Dann muß er ins Sanatorium.

TYRONE Ja. Und zwar je eher, desto besser für ihn wie für seine Umgebung. Hardy behauptet, er kann in sechs Monaten oder einem Jahr wieder gesund sein, wenn er sich an die Anweisungen hält. *Er seufzt. Düster und vorwurfsvoll* Das hätte ich nie gedacht, daß eins von meinen Kindern einmal – Und aus meiner Familie kommt es auch nicht. Die haben alle Lungen wie die Ochsen gehabt.

JAMIE Wen interessiert denn deine blöde Familie jetzt! Wo will Hardy ihn hinschicken?

TYRONE Darüber will ich nachher mit ihm sprechen.

JAMIE Daß du mir ja was Anständiges aussuchst und kein billiges Loch, hörst du?

TYRONE *getroffen* Ich nehme, was Hardy mir empfiehlt!

JAMIE Gut, aber dann komm ihm nicht mit deinem alten Lied, du stündest mit einem Bein im Armenhaus vor lauter Steuern und Hypotheken.

TYRONE Ich bin kein Millionär und kann mein Geld nicht zum Fenster hinauswerfen. Warum soll ich Hardy nicht sagen, wie es steht?

JAMIE Weil er dann glaubt, daß du ein billiges Loch suchst, und weil er genau weiß, daß du ihm was vormachst –, besonders, wenn er erfährt, daß du dir von diesem säuselnden Erzgauner schon wieder so ein Pleitegrundstück hast andrehen lassen!

TYRONE *wütend* Das betrifft meine Angelegenheiten!

JAMIE Es betrifft Edmund. Und ich hab' Angst, in dir schwirrt noch die alte irische Torfstecher-Vorstellung herum, daß Schwindsucht sowieso tödlich ist und mehr als das Nötigste die reine Geldverschwendung.

TYRONE Das ist nicht wahr!

JAMIE Also gut. Dann beweis' mir das Gegenteil. Mehr will ich ja gar nicht. Deswegen hab' ich die Sache aufs Tapet gebracht.

TYRONE *kaum gebändigte Wut* Selbstverständlich hoffe ich auf Edmunds Genesung. Und du zieh mir mit deinem Schandmaul nicht über Irland her! Du hast den Spott grade nötig! Dir steht der Ire doch ins Gesicht geschrieben.

JAMIE Dann muß ich es lange nicht gewaschen haben. *Bevor sein Vater auf diese Beleidigung der guten alten Heimat reagieren kann, achselzuckend und trocken* So, mehr hab' ich nicht zu sagen. Entscheiden mußt du. *Unvermittelt* Und was mach' ich heute nachmittag, solang' du in der Stadt bist? Mit der Hecke muß ich warten, bis du sie weitergeschnitten hast. Das willst du mir ja nicht überlassen.

TYRONE Nein. Du versaust sie nur, wie alles andere auch.

JAMIE Gut, dann fahr' ich mit Edmund. Zuerst die Sache

mit Mama, und jetzt der Schlag mit der Krankheit, das ist für ihn nicht leicht zu verkraften.

TYRONE *vergißt seinen Unmut* Ja, tu das, Jamie. Versuch ihn bei Laune zu halten. *Bissig* Wenn dir was anders als eine Sauftour dazu einfällt.

JAMIE Und zahlen tu ich wohl mit Kragenknöpfen, wie? Soviel ich weiß, läuft der Schnaps noch immer nicht aus dem Wasserhahn. *Er geht aufs Durchgangszimmer zu.* Ich geh mich umziehen.

Er sieht seine Mutter aus der Diele kommen, bleibt in der Tür stehen und tritt zur Seite, um sie vorbeizulassen. Der Glanz in ihren Augen und ihre Entrücktheit haben zugenommen, und beides verstärkt sich im Verlauf der Szene noch mehr.

MARY *unbestimmt* Du hast auch nicht meine Brille irgendwo liegen sehen, Jamie?

Sie schaut ihn dabei nicht an. Er sieht weg und überhört ihre Frage, auf die sie offenbar auch keine Antwort erwartet. Sie kommt nach vorn. Zu Tyrone, mit abgewandtem Blick

Oder du vielleicht, James?

Jamie geht hinter ihr hinaus.

TYRONE *dreht sich um und schaut durch die Schiebetür hinaus* Nein, Mary.

MARY Was hat er denn? Hast du wieder mal an ihm herumgenörgelt? Du darfst ihn nicht immer so abkanzeln. Er kann ja nichts dafür. Er wäre bestimmt nicht so geworden, wenn er sich hier hätte zu Hause fühlen können. *Sie geht zur Fensterreihe links. Leichthin* Ein großer Wetterprophet bist aber auch nicht, mein Lieber. Schau nur den Dunst. Man kann kaum noch das andere Ufer sehen.

TYRONE *bemüht ungezwungen* Ja, da war ich voreilig. Es wird wohl doch eine neblige Nacht.

MARY Naja, heute macht's mir nichts aus.

TYRONE Ja, das kann ich mir denken.

MARY *rascher, prüfender Blick. Nach einer Pause* Jamie geht ja gar nicht zur Hecke hinunter. Wo ist er denn hin?

TYRONE Er geht mit Edmund zum Arzt. Jetzt ist er beim Umziehen. *Froh über die Ausrede, von ihr fort zu können* Das muß ich jetzt auch, sonst komme ich zu spät in den Club.

Er will zur Salontür, aber Mary klammert sich impulsiv an seinen Arm.

MARY *bettelnd* Bitte, geh noch nicht gleich, James. Ich will nicht allein sein. *Überstürzt* Ich meine, du hast doch noch Zeit. Du kannst dich zehnmal so schnell umziehen wie die Jungs, sagst du immer. *Unbestimmt* Irgendwas wollte ich dir noch sagen, Was bloß? Ich weiß nicht mehr. Gut, daß Jamie mit Edmund in die Stadt fährt. Du hast ihm hoffentlich kein Geld gegeben.

TYRONE Allerdings nicht.

MARY Er hätte sich damit doch nur wieder betrunken, und du weißt, wie er dann bloß noch Gift und Galle spuckt. Mir kann er heute damit nichts anhaben, aber dich bringt er damit regelmäßig in Rage, vor allem, wenn du selber hinüber bist, und das hast du ja vor.

TYRONE *beleidigt* Ach was. Ich bin nie hinüber.

MARY *unbeteiligte Hänselei* Ja, du verträgst viel. Das war schon immer so. Ein Fremder merkt dir nichts an. Aber nach fünfunddreißig Ehejahren –

TYRONE Ich hab in meinem Leben noch keine Vorstellung geschmissen. Beweist das nichts? *Bitter* Und wenn ich mich ab und zu besaufe, brauchst du mir das nicht vorzuhalten. Wenn je einer dafür einen Grund gehabt hat, dann ich.

MARY Grund? Was denn für einen Grund? Du betrinkst dich doch jedesmal im Club, oder etwa nicht? Vor allem, wenn du dich mit McGuire triffst. Der sorgt dann schon dafür. Schau, ich mache dir ja keine Vorwürfe. Du kannst tun und lassen, was du willst. Mich stört das nicht.

TYRONE Ich weiß. *Er wendet sich zur Salontür, will von ihr los.* Ich muß mich umziehen.

MARY *umklammert wieder seinen Arm. Flehentlich* Nein,

bitte warte noch, James, Wenigstens, bis einer von den Jungs wieder da ist. Ihr geht ja doch bald alle fort.

TYRONE *bitter und traurig* Nein, Mary, du gehst von uns fort.

MARY Ich? So was Dummes, James. Ich und fortgehen? Ich kann ja nirgends hin. Zu wem denn? Ich habe keine Freunde.

TYRONE Daran bist du selber schuld – *Er hält mit einem hilflosen Seufzer inne. Eindringlich* Aber eines könntest du doch machen, Mary. Fahr ein bißchen mit dem Wagen raus. Das tut dir bestimmt gut. Du mußt mal raus, an die Sonne und die frische Luft. *Gekränkt* Schau, ich hab das Auto doch für dich gekauft. Ich kann die Dinger selber ja nicht ausstehen, ein Spaziergang oder die Straßenbahn sind mir zehnmal lieber. *Mit wachsendem Groll* Es sollte eine Überraschung für dich werden nach dem Sanatorium, damit du ein wenig Spaß und Ablenkung hast. Anfangs bist du auch jeden Tag damit gefahren, aber in letzter Zeit hast du es kaum benutzt. Es hat mich viel Geld gekostet, und der Chauffeur kommt noch dazu, Kost, Logis, Gehalt, egal, ob er fährt oder nicht. *Verbittert* Verschwendung! Nichts als Verschwendung! Ich komm noch an den Bettelstab auf meine alten Tage. Und was hat es genützt? Ich hätte das Geld gradesogut in den Gully schmeißen können.

MARY *unbeteiligt und ruhig* Ja, James, das war hinausgeworfen, für ein gebrauchtes Auto. Man hat dich übers Ohr gehauen, wie üblich. Du meinst eben immer, alles Günstige käme aus zweiter Hand.

TYRONE Es war eine erstklassige Marke, besser als jedes neue, das sagen alle.

MARY *überhört das* Und bei Smythe hast du dich auch verrechnet. Ein Mechaniker, der nie Chauffeur gewesen ist. Ja, ich weiß, dafür kriegt er auch weniger Gehalt, aber das macht er bestimmt mehr als wett durch die Prozente, die er von der Garage für die Reparaturkosten einstreicht. Irgendwas ist doch immer kaputt, dafür sorgt der schon, meiner Meinung nach.

67

TYRONE Niemals! Er ist vielleicht kein geschniegelter Millionärslakei, aber doch ehrlich. Du fängst ja schon an wie Jamie! Der denkt auch immer gleich das Schlimmste.

MARY Nimm's mir nicht übel, James. Ich habe dir das Auto ja auch nicht übelgenommen. Ich weiß, es war nicht als Zumutung gemeint. Du kannst einmal nicht anders. Ich war gerührt und dankbar. Der Wagenkauf war eine Überwindung für dich, und die hat mir bewiesen, wie sehr du mich noch liebst, auf deine Weise eben, besonders weil du von dem Nutzen nicht überzeugt warst.

TYRONE Mary! *Er zieht sie heftig zu sich. Inständig* Mary, Liebe! Um Gottes willen, um meiner und der Kinder und deiner selbst willen, kannst du nicht wieder aufhören?

MARY *stammelt in momentaner schuldbewußter Verwirrung* Ich – James! Bitte! *Findet sofort zu ihrer seltsamen, störrischen Abwehr zurück* Aufhören? Womit? Was meinst du?

Geschlagen läßt er sie los. Sie schlingt impulsiv den Arm um ihn.

James! Wir haben uns geliebt! Und werden es immer tun! Daran müssen wir uns halten und nicht das Unbegreifliche begreifen wollen oder das Unabänderliche ändern – all das, was uns das Leben angetan hat und was nicht zu entschuldigen und zu erklären ist.

TYRONE *als hätte er nichts gehört. Bitter* Du willst es nicht einmal versuchen?

MARY *läßt hoffnungslos die Arme sinken und wendet sich ab. Unbeteiligt* Mit einem kleinen Ausflug heute nachmittag, meinst du? Also gut, wenn dir daran liegt, obwohl ich mir dann noch verlassener vorkomme als hier. Ich hab ja niemanden, der mit mir fährt, und ich weiß auch nie, wohin ich eigentlich fahren soll. Ja, wenn ich jemanden zu Haus besuchen könnte, zum Lachen und zum Plaudern. Aber so jemanden gibt es nicht. Und hat es nie gegeben. *Zunehmend entrückt* In der Klosterschule habe ich so viele Freundinnen gehabt. Und alle hatten sie ihre Familie und wunderschöne Häuser. Ich war bei ihnen eingeladen, und sie kamen zu Vater und mir nach Haus. Aber, nach meiner Ehe mit einem Schauspieler – und du weißt, wie man auf die herabgeschaut hat seinerzeit – haben mir viele von ihnen die kalte Schulter gezeigt. Und gleich nach unserer Hochzeit kam der Skandal mit der Anzeige von deiner früheren Geliebten. Von da an haben sie mich alle entweder bemitleidet oder einfach geschnitten. Mir waren die lieber, die mich geschnitten haben.

TYRONE *schuldbewußt verärgert* Herrgott, nun wühl doch nicht diese längst vergessene Geschichte wieder auf! Wenn du jetzt schon so weit in die Vergangenheit abgedriftet bist, wo landest du dann erst heute abend?

MARY *trotziger Blick* Jetzt fällt's mir ein, ich brauche ja doch das Auto! Ich hab was in der Apotheke zu besorgen.

TYRONE *verbittert und hämisch* Ja, und tu's zu dem übrigen versteckten Zeug! Die Rezepte gehen dir ja nicht aus. Hoffentlich legst du dir genug davon zurück, damit du nicht noch einmal anfängst, nachts danach zu schreien und halb wahnsinnig im Nachthemd aus dem Haus rennst und dich von der Hafenmauer stürzen willst!

MARY *will das überhören* Ich muß Zahnpasta und Seife und Tagescreme einkaufen – *Gibt jämmerlich auf* James! Du darfst nicht mehr davon anfangen. Erniedrige mich doch nicht so!

TYRONE *zerknirscht* Es tut mir leid. Verzeih mir, Mary!

MARY *wieder in entrückter Abwehr* Es macht nichts. So was ist ja nie passiert. Du mußt geträumt haben.

Er starrt sie mit hoffnungslosem Blick an. In ihre Stimme kommt immer mehr Distanz.

Ich war ein Ausbund an Gesundheit, bevor Edmund kam. Weißt du noch, James? So was wie Nerven kannte ich gar nicht. Und auch später, die Reisen, eine Spielzeit nach der anderen, Woche um Woche jeden Tag woanders, in Zügen ohne Schlafwagen, in lumpigen Absteigen mit dreckigen Betten, miserablem Essen, die Geburten im Hotelzimmer – das alles hab'ich noch durchgehalten. Aber dann bekam ich Edmund, das hat mir den Rest gegeben. Ich wurde so furchtbar krank, und der Hotelarzt, dieser blöde, billige Pfuscher –, der sah nur, daß ich Schmerzen hatte. Und die hat er eben weggemacht, ganz einfach.

TYRONE Mary! Hör'endlich auf mit der Vergangenheit!

MARY *mit seltsam sachlicher Gelassenheit* Warum? Wie könnte ich? Die Vergangenheit ist doch auch Gegenwart, nicht wahr? Und Zukunft auch. Daran wollen wir uns immer vorbeimogeln, aber das Leben erlaubt's uns nicht. *Driftet weiter* Ich habe mir das alles selber zuzuschreiben. Als Eugene gestorben war, habe ich mir geschworen, ich wollte kein Kind mehr haben. Ich bin ja schuld an seinem Tod gewesen. Hätte ich ihn nicht bei Mutter gelassen, bloß weil du dir ohne mich auf der Tournee so einsam vorgekommen wärst, dann hätte James mit seinen Masern nie in seine Nähe gedurft. *Ihr Gesicht verhärtet sich.* Jamie hat es absichtlich getan, davon bin ich noch immer überzeugt. Er war auf den Kleinen eifersüchtig. Er hat ihn regelrecht gehaßt. *Als Tyrone widersprechen will* Ja, ja, ich weiß, Jamie war erst sieben. Aber schlau war er schon immer. Wir hatten ihm gesagt, daß ein kleines Kind an Masern sterben kann. Er wußte es also. Ich hab'ihm das nie verzeihen können.

TYRONE *verbittert und traurig* Bist du schon soweit, daß du wieder mit Eugene anfängst? Kannst du unser totes Kind nicht in Frieden ruhen lassen?

MARY *als hätte sie nichts gehört* Es war ganz allein mein Fehler. Ich hätte bei ihm bleiben müssen, statt auf dich zu hören und mit dir zu fahren, nur weil ich dich liebte. Und vor allem hätte ich mich nicht von dir dazu überreden lassen dürfen, noch ein Kind zu kriegen, an Eugenes Statt, um über seinen Tod hinwegzukommen. Ich wußte damals doch schon aus Erfahrung, daß Kinder ein Zuhause brauchen, um zu gedeihen, ebenso wie Frauen, wenn sie gute Mütter werden wollen. Die ganze Schwangerschaft hindurch war ich in Angst. Ich ahnte Schreckliches voraus. Ich hatte Eugene seinem Schicksal überlassen. Damit war doch bewiesen, daß ich nicht noch mal Mutter werden sollte. Gottes Strafe dafür war mir sicher. Ich hätte Edmund nie bekommen dürfen.

TYRONE *mit unruhigem Blick in den Salon* Mary! Paß doch auf, was du sagst. Wenn er dich hören könnte, dann müßte er doch denken, daß du ihn nie gewollt hast. Er ist wahrhaftig schon schlecht genug dran –

MARY *auffahrend* Das lügst du! Ich habe ihn gewollt! Mehr als alles andere auf der Welt! Versteh mich doch! Ich sag das doch nur seinetwegen. Er war niemals glücklich, und das wird auch so bleiben. Und gesund auch nicht. Er ist schon nervös und reizbar zur Welt gekommen, und das lag an mir. Und seit er so krank ist, muß ich dauernd an Eugene und an meinen Vater denken, bin so voller Angst und voller Schuldgefühle – *Sie fängt sich und verfällt in trotzige Verleugnung.* Aber wie dumm, sich solche Schreckensbilder auszumalen, ganz ohne Grund. Jeder bekommt mal eine Grippe und übersteht sie wieder.

Tyrone schaut sie hilflos seufzend an. Er dreht sich zur Salontür um und sieht Edmund die Treppe in der Diele herunterkommen.

TYRONE *scharf, mit gedämpfter Stimme* Da kommt Edmund. Nimm dich um Gottes willen zusammen – wenigstens, bis er gegangen ist. Soviel kannst du wohl für ihn tun!

Er setzt ein gutgelauntes, väterliches Gesicht auf. Sie wartet voller Angst, wieder von nervöser Panik überwältigt, die Hände flattern über ihren Ausschnitt, an die Kehle und zu den Haaren hoch, in fahriger Ziellosigkeit. Edmund erscheint in der Tür. Sie kann ihm nicht in die Augen schauen. Sie geht rasch zur rechten Fensterreihe und schaut abgewandt hinaus. Edmund tritt ein. Er trägt einen blauen Stadtanzug von der Stange, einen gestärkten Kragen und Krawatte und schwarze Schnürschuhe. Tyrone mit theaterhafter Jovialität

Na, schau mal an! Wie aus dem Ei gepellt! Jetzt hält's mich auch nicht länger. *Er will an ihm vorbei.*

EDMUND *trocken* Moment, Papa. Ich red nicht gern davon, aber wie steht's mit dem Fahrgeld? Ich bin blank.

TYRONE *alteingeübte Predigt* Und das wird sich auch nicht ändern, wenn du nicht endlich lernst – *Er stockt schuldbewußt und schaut dem kranken Sohn mitleidig und besorgt ins Gesicht.* Aber du bist ja schon am Lernen, mein Junge. Und hast schwer gearbeitet bis zu deiner Krankheit, tapfer. Ich bin stolz auf dich.

Er zieht ein paar zusammengerollte Geldscheine aus der Hosentasche und wählt sorgsam einen aus. Edmund nimmt ihn. Er sieht sich den Schein an und macht ein erstauntes Gesicht. Sein Vater reagiert darauf wie sonst auch – sarkastisch.

Danke, Papa. *Rezitiert* ›O schärfer noch als Biß der Schlange –‹

EDMUND ›– ein Kind des Undanks.‹ Ich weiß. Laß mich doch erst mal Luft holen. Ich bin sprachlos. Das sind zehn Dollar, nicht einer.

TYRONE *verlegen über die eigene Großzügigkeit* Steck's ein. Wahrscheinlich laufen dir doch ein paar Freunde über den Weg, da mußt du dich doch revanchieren können.

EDMUND Du hast dich also nicht vertan? Mensch, so was. Danke dir, Papa. *Einen Augenblick aufrichtig erfreut und dankbar. Dann mit einem zweifelnden, mißtrauischen Blick* Aber wieso auf einmal? *Zynisch* Hat dir Doktor Hardy etwa gesagt, daß ich es nicht mehr lange mache? *Merkt Tyrones tiefe Verletzung* Entschuldige, das war gemein von mir. Ich hab's nicht ernst gemeint, Papa. *Legt seinem Vater impulsiv den Arm um die Schulter und drückt ihn liebevoll* Ich bin dir wirklich dankbar, Ehrlich, Papa.

TYRONE *erwidert gerührt die Geste* Gern geschehen, mein Junge.

MARY *fährt in einem verworrenen Angst- und Zornanfall zu ihnen herum* Das hör ich mir nicht mit an! *Stampft mit dem Fuß auf* Merk dir das, Edmund! Diese ekelhafte Schwarzmalerei! Du machst es nicht mehr lang! Das hast du alles aus deinen Büchern! Tränen, Schwermut, Tod! Dein Vater sollte sie dir wegnehmen. Und deine Gedichte erst. Die hören sich oft noch viel schlimmer an, als ob du gar nicht mehr leben wolltest! Ein junger Mensch, der noch alles vor sich hat! Alles bloß eine angelesene Pose. In Wahrheit bist du gar nicht krank!

TYRONE Mary! Gib Ruhe jetzt!

MARY *sofort in unbeteiligtem Ton* Aber James, sag doch selbst, dieses düstere Gerede und Theater von Edmund, das ist doch zu albern. *Zu Edmund, aber mit abgewandtem Blick. Liebevolle Hänselei* Laß gut sein, Kind. Ich hab dich schon durchschaut. *Geht zu ihm* Du willst nur wieder einmal richtig gedrückt und verwöhnt und verhätschelt werden. Stimmt's, du großes Baby?
Sie legt ihm den Arm um die Schulter und drückt ihn an sich, was er starr über sich ergehen läßt. Ihre Stimme kommt ins Schwanken.
Aber bitte, übertreib's nicht, Kind. Sag nicht so scheußliche Sachen. Ich nehme sie sonst ernst. Das ist dumm von mir, aber so bin ich nun mal. Du hast mir solche – Angst eingejagt.
Sie fällt in sich zusammen und verbirgt schluchzend das Gesicht an seiner Schulter. Edmund ist gegen seinen Willen gerührt. Er tätschelt ihr unbeholfen und zärtlich die Schulter.

EDMUND Komm, Mutter, nicht doch. *Er bemerkt den Blick seines Vaters.*

TYRONE *belegte Stimme. Er klammert sich an eine vergebliche Hoffnung.* Wenn du deine Mutter jetzt vielleicht bittest, wie du's vorgehabt hast – *Er nestelt seine Uhr heraus.* Herrgott, schon so spät. Jetzt aber hoppla.
Er läuft durch den Salon hinaus. Mary hebt den Kopf. Sie gibt sich jetzt wieder auf entrückte Weise mütterlich besorgt. Daß ihr noch die Tränen in den Augen stehen, scheint vergessen.

MARY Wie geht's dir denn, Kind? *Sie legt ihm die Hand auf die Stirn* Die Stirn fühlt sich noch etwas heiß an, aber das kommt bestimmt nur von der Sonne. Du siehst ~~aber~~ schon sehr viel besser aus als heute früh. *Sie faßt nach seiner Hand.* Komm, setz dich. Es tut dir nicht gut, so lang zu stehen. Du mußt jetzt mit deinen Kräften haushalten. *Sie drängt ihn in einen Sessel und setzt sich seitwärts auf die Lehne mit einem Arm um seine Schulter, so daß er sie nicht anschauen kann.*

EDMUND *platzt mit seiner Bitte heraus, obwohl er sie inzwischen für aussichtslos hält* Hör zu, Mama –

MARY *redet rasch dazwischen* Na, na! Bleib ganz ruhig. Lehn dich einfach zurück und ruh dich aus. *Eindringlich* Weißt du was? Bleib doch heute nachmittag einfach bei mir zu Hause und laß dich von mir umsorgen. Mit der gräßlichen alten Tram in die Stadt bei der Hitze, das strengt dich bloß an. Da bist du viel besser bei mir aufgehoben.

EDMUND *gedrückt* Aber ich bin doch zu Doktor Hardy bestellt! *Neuerlicher Appell* Mama, hör doch –

MARY *rasch* Du kannst ja anrufen und sagen, es geht dir nicht gut. *Erregt* Du verschwendest nur Zeit und Geld mit dem Besuch. Der tischt dir doch nur Lügen auf. Irgend etwas Schlimmes, was dir angeblich fehlt, davon lebt er ja schließlich. *Harter, hämischer Lacher* Der alte Affe! Das einzige Rezept, das der kennt, ist ein feierliches Gesicht und eine Gardinenpredigt über die Willenskraft!

EDMUND *sucht ihren Blick* Mama, hör mir doch endlich mal zu! Ich wollte dich um was bitten! Du – du hast doch grade erst angefangen damit. Noch kannst du wieder aufhören. Soviel Willenskraft hast du doch! Und wir helfen dir dabei. Ich mach alles! Sag doch, Mama!

MARY *flehentliches Stammeln* Bitte nicht – davon verstehst du nichts!

EDMUND *stumpf* Na gut. Ich geb's auf. Ich hab gewußt, es hat keinen Zweck.

MARY *blankes Leugnen* Und übrigens weiß ich auch nicht, worauf du hinaus willst. Ich weiß nur, du solltest der letzte sein, der – Ich war noch kaum aus dem Sanatorium zurück, da bist du krank geworden. Die Ärzte dort hatten mich vor allen Aufregungen und Störungen ausdrücklich gewarnt. Seither mach ich mir unentwegt Sorgen um dich. *Dann zerstreut* Aber ich meine das nicht als Entschuldigung. Ich versuch's dir nur zu erklären. Ich will mich nicht rausreden! *Sie drückt ihn an sich. Flehentlich* Bitte glaub mir, Kind, daß ich damit nichts rechtfertigen will!

EDMUND *bitter* Was sonst?

MARY *entzieht ihm langsam den Arm. Wieder distanziert sachlich* Ja, das muß jetzt wohl dein Verdacht sein.

EDMUND *beschämt, aber doch noch bitter* Was soll ich denn glauben?

MARY Nichts. Dich trifft keine Schuld. Wie solltest du mir glauben, wenn ich es selber nicht kann. Ich bin durch und durch zur Lügnerin geworden. Früher bin ich in allen Dingen wahrhaftig gewesen. Jetzt muß ich alle anlügen, am meisten mich selbst. Aber wie solltest du verstehen, was ich selbst nie ganz verstanden habe – nur soviel, daß ich vor langer Zeit auf einmal wußte: Jetzt habe ich keine eigene Seele mehr. *Sie stockt, senkt dann die Stimme zu einem seltsam vertraulichen Flüstern.* Aber eines Tages, Kind, da finde ich sie wieder – und an dem Tag, da geht es euch allen wieder gut, da seid ihr gesund und glücklich und habt es zu was gebracht, und ich bin an nichts mehr schuld, da verzeiht mir nämlich die Heilige Jungfrau Maria und gibt mir meinen Glauben aus den Klostertagen zurück, an ihre Liebe und ihre Barmherzigkeit, und ich kann wieder beten –, denn sie sieht, daß kein Mensch auf der Welt mir noch irgendwas glaubt, und grade dann wird sie an mich glauben und mir beistehen, und alles geht wie von selbst. Dann kann ich mir zuhören, wie ich schreie vor Schmerzen und doch lachen dabei, denn ich habe mich ja wiedergefunden.

75

*Hoffnungsloses Schweigen von Edmund. Sie fährt traurig
fort.* Aber das glaubst du mir ja auch nicht. *Sie steht von
der Sessellehne auf, geht zur Fensterreihe links und starrt
abgewandt hinaus. Beiläufig* Ich hab's mir überlegt. Fahr[1]
du ruhig in die Stadt. Ich muß ja auch noch mit dem
Auto weg. In die Apotheke. Da kommst du lieber nicht
mit, sonst genierst du dich bloß.

EDMUND *versagende Stimme* Mama! Nicht!

MARY Die zehn Dollar von deinem Vater teilst du doch sicher mit Jamie. Ihr teilt ja alles miteinander, nicht wahr?
Wie gute Kameraden. Na, was Jamie mit seinem Anteil
macht, weiß ich jetzt schon: Ein Besäufnis in einer Spe-
lunke mit der einzigen Sorte von Frauen, mit der er was
anfangen kann. *Sie dreht sich um, voller Angst und flehentlich.* Edmund! Versprich mir, daß du nichts trinkst!
Die Gefahr ist zu groß! Denk dran, was Doktor Hardy
gesagt hat –

EDMUND *bitter* Ich dachte, der wär ein alter Affe.

MARY *kläglich* Edmund!

*Jamie ruft aus dem Salon: ›Los, Kleiner, auf geht's!‹
Mary sofort wieder unbeteiligt*

Geh nur, Edmund. Jamie wartet auf dich. *Sie geht zur
Salontür.* Und dein Vater ist auch schon da.

*Tyrone ruft: ›Komm jetzt, Edmund.‹ Mary küßt Edmund
mit teilnahmsloser Zärtlichkeit.*

Wiedersehen, Kind. Wenn du zum Abendessen da sein
willst, sieh zu, daß es nicht zu spät wird. Sag das auch
deinem Vater. Ihr kennt ja unsere Bridget.

*Er dreht sich um und läuft hinaus. Aus der Diele zuerst
Tyrone: ›Wiedersehen, Mary‹, dann Jamie: ›Wiedersehen, Mama‹. Sie ruft zurück.*

Wiedersehen.

*Man hört die Haustür ins Schloß fallen. Sie geht zum
Tisch und bleibt davor stehen. Mit der einen Hand klopft
sie auf die Tischplatte, die andere streicht fahrig über ihr
Haar. Mit angsterfülltem und verlorenem Blick mustert
sie das Zimmer und flüstert vor sich hin.*

Wie einsam es hier ist. *Ihr Gesicht verhärtet sich in tiefer Selbstverachtung.* Schon lügst du dir wieder was vor. Du wolltest sie los sein. Ihre Verachtung und ihr Ekel sind auch nicht grade unterhaltsam. Sei froh, daß sie weg sind. *Verzweifeltes Auflachen* Ja, Heilige Maria, warum fühl ich mich dann so allein?

Vorhang

3. Akt

*Derselbe Schauplatz, gegen halb sieben Uhr abends. Das
Wohnzimmer liegt im Dämmerlicht, früher als sonst, denn
der Nebel ist von der Landzunge heraufgestiegen und ver-
deckt die Fenster von außen wie ein zugezogener, weißer
Vorhang. Vom Leuchtturm vor der Hafeneinfahrt klagt ein
Nebelhorn wie ein verwundeter Wal in regelmäßigen Ab-
ständen herüber, und im Hafenbecken schlagen immer wieder die Warnglocken der vertäuten Segeljachten an.*
*Das Tablett mit der Whiskyflasche, den Gläsern und dem
Wasserkrug steht wieder auf dem Tisch, wie in der Szene vor
dem Mittagessen.*
*Man erkennt Mary mit dem zweiten Hausmädchen. Cath-
leen steht rechts vom Tisch. Sie hält ein leeres Whiskyglas,
als hätte sie vergessen, es abzustellen. Sie ist angetrunken,
mit einem zufriedenen, geschmeichelten und etwas albernen
Lächeln im dümmlich-gutmütigen Gesicht.*
*Mary ist blasser geworden, und ihre Augen strahlen in unna-
türlichem Glanz. Ihre seltsame Entrücktheit hat sich verstärkt. Sie hat sich noch tiefer in sich zurückgezogen und findet Zuflucht und Befreiung in einem Traum, in dem sie die
wirkliche Gegenwart nur noch anteilslos als Schattenspiel
aufnimmt, verwirft oder vollständig übersieht. Hin und wieder bricht aus ihr eine leicht unheimliche, fröhliche und un-
beschwerte Jugendlichkeit hervor, als wäre sie, umstandslos
und unbefangen, wieder in das naive, glücklich plappernde
Schulmädchen aus ihren Klostertagen zurückgeschlüpft. Sie
trägt das Kleid, das sie für ihre Stadtfahrt angezogen hat, ein
schlichtes, ziemlich teures Stück, das ihr ausgezeichnet zu
Gesicht stünde, hätte sie es nicht so achtlos und schlampig
übergestreift. Auch ihre Frisur ist nicht mehr makellos, sondern sieht strähnig und wie verrutscht aus. Ihr Ton Cathleen*

*gegenüber ist familiär und vertraulich, als spräche sie nicht
mit einem Dienstboten, sondern mit einer lieben alten Freundin. Als der Vorhang sich hebt, steht sie an der Veranda und
schaut hinaus. Man hört das Nebelhorn klagen.*

MARY *mädchenhaft belustigt* Also nein, dieses Nebelhorn!
   Schauerlich, findest du nicht?

CATHLEEN *vertraulicher als sonst, aber nie absichtlich unge-
   zogen, dazu hat sie ihre Dienstherrin zu gern* Ja, gnä'
   Frau, schon mehr wie ein Schuhu.

MARY *als hätte sie nichts gehört. Überhaupt hat man im fol-
   genden fast durchwegs den Eindruck, sie bräuchte Cathleens Anwesenheit nur, um weiterreden zu können.* Heute
   stört es mich nicht. Aber gestern nacht hat es mich ganz
   verrückt gemacht. Mir sind so viele Sorgen durch den Kopf
   gegangen, es war nicht mehr zum Aushalten.

CATHLEEN Der Gottseibeiuns soll es holen. Ich hätt' vor
   Angst bald in die Hosen gemacht auf der Rückfahrt. Ich
   hab' jeden Moment gedacht, der Smythe fährt uns an den
   Baum oder in den Graben, der Maulaff. Hast ja die
   Hand vor den Augen nicht mehr gesehen. Gott sei
   Dank, daß Sie mich hinten bei sich haben sitzen lassen.
   Wenn ich vorn neben dem Gorilla hätt' sitzen müssen –
   der hat seine Pfoten auch überall. Einmal aus dem Fen-
   ster geguckt, und schon krabbeln sie dir die Beine' rauf
   und sonst noch wohin – Sie entschuldigen schon, gnä'
   Frau, aber so isses.

MARY *verträumt* Nicht der Nebel, Cathleen. Der hat mich
   nicht gestört. Der gefällt mir sogar.

CATHLEEN Soll gut für den Teng sein.

MARY Da sieht man die Welt nicht und wird von ihr nicht
   gesehen. Alles verwandelt sich, nichts ist, wie es vorher
   schien. Keiner findet und berührt einen mehr.

CATHLEEN Ja, wenn der Smythe ein richtiges Mannsbild
   von einem Chauffeur wär' dann hätt ich nix dagegen –
   immer im Rahmen, natürlich, gnä' Frau, ich bin keine
   solchene. Aber so ein verschrumpelter Geißbock wie

der Smythe – nie! So brennt's mir noch lang nicht auf den Nägeln, hab' ich zu ihm gesagt, daß ich einen Schweinskopf, wie dich anrühr! Dir wisch' ich das nächste Mal eine, hab' ich gesagt, daß es dir die Zähne zum Hintern 'naustreibt. Und das mach ich auch, werdn's sehn!

MARY Aber das Nebelhorn kann ich nicht leiden. Nie gibt es Ruhe. Immer mahnt es und warnt es und holt mich zurück. *Seltsames Lächeln* Aber nicht heute. Heute macht es nur Krach. Es ruft mir gar nichts zurück. *Neckisches Mädchenlachen* Außer das Geschnarche von meinem Mann vielleicht. Damit hab' ich ihn schon immer gern aufgezogen. Seit ich mich erinnern kann, schnarcht er so, besonders, wenn er einen sitzen hat, aber kindisch, wie er ist, will er's nicht zugeben. *Sie lacht, kommt zum Tisch*. Naja, vielleicht schnarche ich auch und geb's nur nicht zu. Und dann habe ich auch kein Recht, über ihn zu spotten, wie? *Sie setzt sich in den Schaukelstuhl links am Tisch.*

CATHLEEN Ja, wer gesund ist, der schnarcht auch. Dann fehlt ihm nirgendwo was, heißt's immer. *Besorgt* Wie spät haben wir denn, gnä' Frau? Ich bleib' lieber nicht so lang aus. Der Nebel ist der Bridget in die Glieder gefahren, und dann tobt sie herum wie der Teufel. Die reißt mir sonst den Kopf ab. *Stellt das Glas auf den Tisch und will zum Durchgangszimmer gehen*

MARY *geängstigt* Nein, bleib, Cathleen. Ich will noch nicht allein sein.

CATHLEEN Sie kriegen ja gleich Gesellschaft. Mister Tyrone und die Jungen sind bestimmt bald da.

MARY Da hab' ich meine Zweifel, ob die zu Hause essen. Die nutzen lieber die Gelegenheit und bleiben in der Bar. Da fühlen sie sich viel mehr daheim. *Cathleen schaut sie mit begriffsstutzigem Unverständnis an. Mary fährt mit einem Lächeln fort.* Keine Bange wegen Bridget. Ich sag' ihr, ich hätte dich noch gebraucht, und du bringst ihr einen großen Whisky mit. Dann gibt sie schon Ruhe.

CATHLEEN *lacht verständnisinnig und beruhigt* Ja doch, gnä' Frau. Das hebt bei der die Stimmung. Über ihr Schnäpschen geht der nichts.

MARY Und du, nimm dir auch noch einen, wenn du willst.

CATHLEEN Ich glaub, lieber nicht, gnä' Frau. Mir ist jetzt schon ganz schwummrig. *Greift nach der Flasche* Naja, noch einer macht den Kohl auch nicht mehr fett. *Sie schenkt sich ein.* Also, dann bleiben's mir gsund, gnä' Frau. *Sie leert das Glas, Eiswasser nachzugießen, kommt ihr nicht mehr in den Sinn.*

MARY *verträumt* Gesund, Cathleen? Ja, doch, das war ich mal. Aber das ist lange her.

CATHLEEN *neuerlich besorgt* Mister Tyrone merkt bestimmt, daß was in der Flasche fehlt. Da paßt er auf wie ein Luchs.

MARY *belustigt* Dann muß der Trick von Jamie herhalten. Schenk ein paar Gläser Wasser nach.

CATHLEEN *gehorcht. Dümmliches Kichern* Wenn das mal gut geht! Das ist ja bloß noch Wasser mit Whiskyaroma. Das schmeckt er doch!

MARY *gleichgültig* Nein, bis er heimkommt, merkt er vor Betrunkenheit nichts mehr. So einen guten Vorwand für eine Sauftour, den läßt er sich nicht entgehen.

CATHLEEN *mit Menschenkenntnis* Ein rechter Mann verträgt das schon. Auf die Weihwasserapostel geb' ich nix. Die blasen alle Trübsal. *Verdutzt* Den Vorwand –? Meinen Sie Mister Edmund? Ja, da macht sich Mister Tyrone Sorgen, das seh' ich.

MARY *erstarrt in Abwehr, aber die Reaktion hat etwas seltsam Marionettenhaftes, wie von ihren Gefühlen abgetrennt* Ach was, Cathleen, Warum denn? Eine leichte Grippe, das zählt doch nicht. Und Sorgen macht sich Mister Tyrone gar keine, außer um sein Geld und seine Grundstücke und daß er im Armenhaus landet auf seine alten Tage. Wirkliche Sorgen, meine ich. Denn von allem anderen versteht er nichts. *Ein kleiner, belustigter Lacher, liebevoll, aber unbeteiligt.* Mein Mann ist schon ein sonderbarer Kauz, Cathleen.

81

CATHLEEN *undeutlich erbost* Ein Bild von einem Mann ist er, gnä' Frau, und gut und freundlich, auch wenn er sich mal gehen läßt.

MARY Ach, mir macht das nichts aus. Seit sechsunddreißig Jahren liebe ich ihn von Herzen. Da muß er doch im Grunde liebenswert sein, oder? Er kann eben auch nicht aus seiner Haut.

CATHLEEN *nebelhaft erleichtert* Ja, das stimmt, gnä' Frau. Haben's ihn nur weiter lieb, der betet Sie an wie eine Heilige, das sieht ein Blinder. *Sie kämpft gegen ihren Schwips an und will ernsthafte Konversation machen.* Und weil wir grad bei ihm sind, gnä' Frau, haben Sie denn nie zum Theater gehen wollen?

MARY *vorwurfsvoll* Ich? Wie kommst du denn auf die ausgefallene Idee? Ich bin in einem sehr angesehenen Haus aufgewachsen und war auf der besten Klosterschule im ganzen Mittelwesten. Vor der Zeit mit Mister Tyrone kannte ich das Theater kaum vom Hörensagen! Ich war sehr fromm als Mädchen. Ich habe sogar einmal davon geschwärmt, Nonne zu werden. Die Schauspielerei hat mich nie im mindesten verlockt.

CATHLEEN *unverblümt* Na, als Betschwester kann ich Sie mir aber gar nicht vorstellen, gnä' Frau. Sie wissen ja kaum mehr, wie eine Kirche von innen ausschaut, der Herrgott mög' es Ihnen nachsehen.

MARY *überhört das* Ich habe mich im Theater nie heimisch gefühlt. Auch als ich dann mit Mister Tyrone auf Tournee habe reisen müssen, habe ich mit seinen Kollegen und den übrigen Theaterleuten kaum etwas zu tun gehabt. Nicht, daß sie mir zuwider gewesen wären. Wir sind immer freundlich miteinander umgegangen. Aber ich konnte nie heimisch unter ihnen werden. Ihr Leben ist ganz einfach nicht das meine. Und es hat mich immerfort daran gehindert – *Sie steht auf. Unvermittelt* Aber wozu die Reden, wenn sich nichts mehr daran ändern läßt. *Sie geht zur Verandatür und starrt hinaus.* Wie dicht der Nebel ist. Man kann nicht einmal bis zur Straße sehen. Es könnte vorbeigehen, wer will, ich wüßte nichts davon. Wenn es doch immer so wäre! Es dämmert schon. Bald wird es Nacht, zum Glück. *Sie wendet sich um. Unbestimmt* Nett von dir, daß du heute mitgekommen bist, Cathleen. Das wäre eine recht einsame Ausfahrt geworden ohne dich.

CATHLEEN Ist doch schöner, in einem bequemen Auto herumzukutschieren, als der Bridget zuzuhören, wenn sie mit ihrer Verwandtschaft angibt. Fast wie ein Urlaub. *Sie stockt. Dann plump* Aber eins hat mir gar nicht recht gefallen –

MARY *unbestimmt* Ach ja –?

CATHLEEN Wie sich der Apotheker aufgeführt hat, als ich ihm das Rezept gegeben hab. *Empört* So was von Frechheit!

MARY *störrisches Leugnen* Wie meinst du das? Eine Apotheke? Was für ein Rezept? *Dann, auf Cathleens verdutzten Blick hin, eilig* Ach so, natürlich. Die Arznei für mein Rheuma. Was hat der Mensch gesagt? *Dann gleichgültig* Naja, ist ja egal, Hauptsache, er hat das Mittel dagehabt.

CATHLEEN Also, mir war das nicht egal, muß ich schon sagen! Mich zu behandeln, als hätt ich was geklaut. Schaut mich an wie ein Frosch und meckert anzüglich: ›Wie kommen Sie denn dazu?‹ – ›Geht Sie doch einen Dreck an‹, sag ich, ›aber wenn Sie's genau wissen wollen, es is für meine Herrschaft, Missis Tyrone, die wartet draußen im Auto drauf.‹ Da ist ihm seine Maulerei vergangen. Er hat schnell zu Ihnen rausgeschaut und ›aha‹ gesagt und mir die Medizin geholt.

MARY *unbestimmt* Ja, ja, er kennt mich. *Sie setzt sich in den Sessel links vom Tisch. In ruhigem, unbeteiligtem Ton* Und was anderes hilft nicht gegen den Schmerz, nicht wirklich – in den Händen, weißt du. *Sie hebt die Hände und betrachtet sie voller Trauer und Mitgefühl.* Arme krumme Dinger! Das glaubt heute auch keiner mehr, daß die früher Bewunderer gefunden haben, wie mein

Haar und meine Augen. Und gutgewachsen war ich auch. *Sie klingt zunehmend abgerückt und träumerisch.* Pianistinnenhände. Ich habe so gern Klavier gespielt. Ich habe damals im Kloster hart an mir gearbeitet – aber was heißt Arbeit, wenn man etwas gern macht. Schwester Elisabeth und meine Musiklehrerin haben mir beide gesagt, eine begabtere Schülerin hätten sie noch nie gehabt. Mein Vater hat mir dann noch Extrastunden bezahlt. Er hat mich gern verwöhnt. Von ihm bekam ich alles, was ich wollte. Er hätte mich auch nach Europa aufs Konservatorium geschickt nach meinem Abitur. Und ich wäre sicher auch gegangen –, aber dann habe ich mich in Mister Tyrone verliebt. Oder ich wäre Nonne geworden. Die zwei Träume meines Lebens. Nonne werden, das war der eine, schönere gewesen, Oder der andere, Konzertpianistin. *Sie schweigt, in die Betrachtung ihrer Hände versunken. Cathleen zwinkert, um ihre Schläfrigkeit und ihren Schwips im Zaum zu halten.* So viele Jahre habe ich das Klavier jetzt nicht mehr angerührt. Und auch wenn ich wollte, könnte ich mit den Krüppelfingern nichts mehr spielen. Eine Zeitlang nach der Hochzeit wollte ich ja noch in Übung bleiben. Aber das war aussichtslos. Jeden Tag andere billige Absteigen, schmutzige Züge, die Kinder kamen, ich war nie zu Hause – *Sie starrt ihre Hände in gebanntem Ekel an.* Sieh doch, wie häßlich! Wie krumm und verwachsen! Als wären sie durch einen schrecklichen Unfall entstellt. *Seltsamer kleiner Lacher* Naja, sind sie ja auch, sozusagen. *Sie verbirgt die Hände hinter dem Rücken.* Ich mag sie gar nicht anschauen. Sie wollen mich erinnern, zurückrufen, wie vorhin das Nebelhorn. *Dann in trotziger Gelassenheit* Aber auch sie können mir jetzt nichts anhaben. *Führt sich die Hände wieder vor Augen und betrachtet sie ungerührt* Sie sind weit fort. Ich kann sie sehen, aber sie tun nicht mehr weh.

CATHLEEN *begriffsstutzig* Haben Sie was von der Medizin eingenommen? Irgendwie kommen Sie mir komisch vor, wie ein bißchen beschwipst. Dabei haben Sie doch gar nichts getrunken.

MARY *verträumt* Sie hilft gegen die Schmerzen. Sie trägt mich zurück, soweit, daß sie mich nicht mehr einholen können. Nur die Vergangenheit ist wirklich, das Glück von früher. *Sie schweigt. Die Worte haben sie in glücklichere Zeiten zurückversetzt, ihr Auftreten und Ausdruck sind wie verwandelt. Sie sieht jünger aus und gleicht der unberührten Klosterschülerin von früher. Sie lächelt scheu.* Mister Tyrone ist ein schöner Mann, sagst du? Du hättest ihn damals sehen sollen: Der schönste Mann von Amerika, haben die Leute gesagt. Alle aus der Klasse, die ihn auf der Bühne oder in der Zeitung einmal gesehen hatten, schwärmten von ihm. Er war das große Jugendidol seinerzeit, mußt du wissen. Die Frauen haben am Bühneneingang Spalier gestanden, nur um ihn vorbeigehen zu sehen. Und da schrieb mein Vater, er hätte sich mit James Tyrone angefreundet und wollte mich in den Osterferien mit ihm bekannt machen. Die Aufregung kannst du dir vorstellen! Ich habe den Brief jeder Mitschülerin einzeln gezeigt, und sie sind vor Neid geplatzt. Mein Vater nahm mich vorher noch in eine Vorstellung mit. Er hat die Hauptrolle gespielt, einen Adligen in der Französischen Revolution. Ich konnte ihn gar nicht mehr aus den Augen lassen. Ich weinte, wie sie ihn ins Gefängnis warfen – und war sogleich stinkwütend auf mich. Ich wollte doch keine verschwollenen Augen haben und kein verheultes Gesicht! Mein Vater hatte mir versprochen, wir dürften ihn nach der Vorstellung in der Garderobe besuchen, und so kam es dann auch. *Kleines, aufgeregtes Lachen* Ich war so schüchtern, daß ich die ganze Zeit nur stammelte und rot wurde wie ein Dummerchen. Aber er hat in mir kein Dummerchen gesehen. Ich wußte schon beim Händeschütteln, daß er mich mochte. *Kokett* Vielleicht war ich doch nicht ganz so verheult und verschwollen. Ich war nämlich sehr hübsch damals, Cathleen. Und er sah so

85

gut aus, in seiner Maske und dem Adelskostüm, das wie
für ihn gemacht war, mir ist fast die Luft weggeblieben.
Er war wie ein Wesen aus einer höheren Welt, nicht wie
andere Menschen, Und trotzdem geradeheraus und
herzlich und uneingebildet, ganz ohne Aufgeblasenheit
oder Allüren. Ich war auf der Stelle in ihn verliebt. Und
er auch, hat er mir später gestanden. Nonne, Konzertpianistin, das war alles vergessen. Ich wollte nur noch
seine Frau werden. *Sie schweigt, schaut mit unnatürlich
glänzenden, verträumten Augen und einem verzückten,
sanft-mädchenhaften Lächeln vor sich hin.* Sechsunddreißig Jahre ist das jetzt her, aber ich sehe ihn so deutlich wie heute vor mir. Und seitdem lieben wir uns. Und
die ganzen Jahre über nicht der kleinste Skandal, ich
meine, Frauengeschichten, Nicht, seit wir zwei uns ken-
nenlernten. Das war ein großes Glück für mich. Cathleen. Das hat mich über vieles hinwegsehen lassen.

CATHLEEN *gegen den Schwips und die Schläfrigkeit kämpfend. Rührselig* Ein wunderbarer Mann ist er, mit Ihnen
hat's das Leben gut gemeint. *Dann zappelig* Kann ich
der Bridget jetzt ihren Whisky bringen, gnä' Frau? Es ist
sicher schon bald so weit, ich muß ihr helfen, das
Abendessen richten. Wenn die jetzt nicht bald ihren
Seelentröster kriegt, geht sie mit dem Bratenmesser auf
mich los.

MARY *aus ihrem Traum gerissen, leicht gereizt* Ja, ja, geh
nur. Ich brauch dich hier nicht mehr.

CATHLEEN *erleichtert* Danke, gnä' Frau. *Sie gießt ein großes
Glas Whisky ein und geht auf das Durchgangszimmer zu.*
Sie bekommen ja bald Gesellschaft. Mister Tyrone und
die Jungen –

MARY *ungeduldig* Nein, ich sag dir doch, die kommen
nicht. Sag Bridget, es wird nicht auf sie gewartet. Trag
pünktlich um halb sieben auf. Ich bin nicht hungrig, aber
ich komme zu Tisch, dann haben wir es hinter uns.

CATHLEEN Etwas essen sollten Sie schon, gnä' Frau. Komi-
sche Medizin, wenn die Ihnen den Appetit nimmt.

MARY *versinkt wieder in ihren Traum, mechanische Erwide-*
rung Was meinst du? Welche Medizin? *Um sie hinaus-*
zuschicken Bring Bridget jetzt ihren Whisky.

CATHLEEN Ja, gnä' Frau.

Sie geht durch das Durchgangszimmer hinaus. Mary war-
tet ab, bis sie die Küchentür zuklappen hört. Dann lehnt
sie sich wohlig und verträumt zurück, den Blick ins Leere
gerichtet. Ihre Arme liegen schlaff auf den Lehnen, die
Hände mit den langen, sensiblen, verkrümmten und kno-
tigen Fingern baumeln reglos an der Seite herunter. Es ist
dunkel geworden. Eine Zeitlang herrscht völlige Stille.
Dann meldet sich die Außenwelt mit einem Klagelaut des
Nebelhorns, danach, vom Nebel gedämpft, das Gebim-
mel der vertäuten Segeljachten im Hafenbecken. Marys
Gesicht ist keine Reaktion anzumerken, aber ihre Hände
zucken zusammen, und die Finger spielen für einen Mo-
ment in der Luft. Sie runzelt die Stirn und bewegt den
Kopf, wie um eine lästige Fliege zu verscheuchen. Ihre
Mädchenhaftigkeit verliert sich plötzlich, und sie wird zur
zynisch-traurigen, verbitterten alternden Frau. Bitter
Du blöde, alte Gefühlsnudel. Was soll denn dran so Herr-
liches gewesen sein? Romantischer Backfisch trifft Jugendidol. Tausendmal besser bist du dran gewesen, als
er für dich noch gar nicht existiert hat, mit dem Kloster
und der heiligen Jungfrau. *Sehnsüchtig* Ach, hätte ich
doch den verlorenen Glauben wieder, daß ich zu ihr beten könnte. *Sie stockt. Dann rezitiert sie das Ave Maria*
mit flacher, leerer Stimme. ›Heilige Maria, Mutter Gottes, der Herr ist mit dir, gebenedeit bist du unter den
Weibern –‹ *Höhnisch* Und das soll die Jungfrau dir abnehmen? Das Geleier einer Fixerin? Sie schaut jedem
ins Herz! *Sie springt auf und streicht sich fahrig übers*
Haar. Ich muß nach oben. Ich habe zu wenig genommen. Am Anfang weiß man nie, wieviel man braucht.
Sie geht auf den Salon zu, bleibt dann beim Klang von
Stimmen aus dem Vorgarten in der Tür stehen. Sie fährt
schuldbewußt zusammen. Das müssen sie sein – *Sie ha-*

*stet zum Sessel zurück. Ihr Gesicht erstarrt in störrischer
Abwehr. Erbost* Warum kommen sie heim? Das wollen
sie doch gar nicht. Und ich wäre viel lieber allein. *Plötzliche Wandlung. Jämmerlich erleichtert und voller Eifer*
Ah, wie gut, daß sie da sind! Ich habe mich so entsetzlich
verlassen gefühlt!

*Die Haustür schlägt zu, und Tyrone ruft unsicher von der
Diele herein.*

TYRONE Mary, bist du da?

*Das Dielenlicht geht an und fällt aus dem Salon auf
Mary.*

MARY *steht aus dem Sessel auf, ihr Gesicht liebevoll erhellt,
aufgeregt und eifrig* Hier bin ich, Schatz. Im Wohnzimmer. Ich habe schon auf euch gewartet.

*Tyrone und Edmund kommen nacheinander aus dem Sa-
lon. Tyrone hat ziemlich viel getrunken, doch ist ihm das
außer an dem leicht glasigen Blick und der etwas unkla-
ren Aussprache nicht anzumerken. Auch Edmund verrät
nur durch den Fieberglanz in seinen Augen und den roten
Flecken auf den hohlen Wangen, daß er reichlich über
den Durst getrunken hat. Beide bleiben in der Tür stehen,
um Marys Zustand abzuschätzen. Der Anblick bestätigt
ihre schlimmsten Befürchtungen. Doch für den Augenblick werden Mary die tadelnden Blicke nicht bewußt. Sie
gibt zuerst Tyrone, dann Edmund einen Kuß, den sie abgewandt über sich ergehen lassen. Sie gibt sich über-
schwenglich, plappert aufgeregt vor sich hin.*

Ich bin ja so froh, daß ihr wieder da seid. Ich wollte
schon alle Hoffnung aufgeben, daß ihr noch nach Hause
kommt. So ein trostloser Nebel! Da geht jeder lieber in
die Stadt in eine Bar und schwatzt und lacht mit den
Leuten. Nein, nein, keine Widerrede! Ich weiß doch,
wie euch zumute ist. Um so schöner von euch, daß ihr
euch losgerissen habt. Ich habe hier so einsam und
schwermütig herumgesessen. Kommt, setzt euch
doch.

*Sie setzt sich rechts hinter den Tisch, Edmund rechts seit-
lich, Tyrone in den Schaukelstuhl links.*

Bis zum Abendessen dauert's noch eine Weile. Ihr seid ja wahrhaftig zu früh dran. Es geschehen doch noch Zeichen und Wunder. Soll ich dir einen Whisky eingießen, Schatz? *Sie tut es, ohne seine Antwort abzuwarten.* Und dir auch, Edmund? Ich will dich zu nichts verführen, aber ein kleiner Aperitif kann nichts schaden.
Sie schenkt ihm ein Glas ein. Sie lassen die Gläser unberührt. Sie redet weiter, ohne auf ihr Schweigen zu achten.
Wo ist Jamie? Naja, natürlich, solang der noch einen Pfennig in der Tasche hat, läßt er sich hier nicht blicken. *Sie greift mit ausgestrecktem Arm nach Tyrones Hand. Traurig* Ach James, ich glaube, er ist für uns schon längst verloren. *Ihr Gesicht verhärtet sich.* Jetzt heißt es nur auf der Hut sein, damit er nicht auch noch Edmund zu sich herunterzieht. Das will er nämlich. Er ist eifersüchtig auf Edmund, weil der immer das Nesthäkchen gewesen ist, genau wie früher auf Eugene. Der gibt keine Ruhe, bevor Edmund nicht auch so hoffnungslos versagt hat wie er selbst.

EDMUND *kläglich* Schweig doch, Mama.

TYRONE *bedrückt* Ja, Mary, je weniger du dich jetzt gehen läßt – *Dann zu Edmund, mit etwas schwerer Zunge* Aber ganz unrecht hat deine Mutter mit ihrer Warnung nicht. Der kann einem mit seiner giftigen Lästerzunge tatsächlich allen Lebensmut vergällen.

EDMUND *wie vorhin* Ach, hör doch auf, Papa.

MARY *als hätten sie nichts gesagt* Ich kann's kaum glauben, wenn ich James heute so ansehe, daß ich ihn einmal im Arm getragen habe. Weißt du noch, James, was für ein fröhliches, gesundes Kerlchen er als Kind gewesen ist? Jede Nacht woanders, der Schmutz in der Eisenbahn, die billigen Absteigen, der Hotelfraß –, das alles hat ihm nie was ausgemacht. Er hat immer nur gestrahlt, kaum je geweint. Und Eugene war genauso, die zwei Jahre lang, bevor er durch meine Schuld umgekommen ist.

TYRONE Jetzt geht das los! Warum bin ich Esel nur nach Haus gekommen!

MARY *mit entrückt-zärtlichem Lächeln zu Edmund* Nur Edmund war unser ewiger Nörgler, jede Fliege hat ihn in Unruhe und Angst versetzt. *Sie tätschelt ihm die Hand. Neckt ihn* Alle haben dich immer nur die kleine Heulsuse genannt.

EDMUND *Seine Verbitterung geht mit ihm durch.* Vielleicht hatte ich schon damals nicht viel Grund zum Lachen.

TYRONE *vorwurfsvoll und mitfühlend* Na komm, mein Junge. Du darfst jetzt nicht alles auf die Waagschale legen, wenn sie –

MARY *als hätte sie nichts gehört. Wieder traurig* Wer hätte geglaubt, daß Jamie uns einmal solche Schande macht. Erinnere dich, James – jahrelang haben wir vom Internat immer nur sein Lob singen hören. Alle Lehrer haben von seiner Intelligenz und seinem Lerneifer geschwärmt. Und sogar nachdem sie ihn nicht mehr behalten konnten wegen seiner Trinkerei, haben sie ihm noch nachgetrauert, ein so sympathischer und hochbegabter Schüler sei er gewesen. Eine glänzende Karriere haben sie ihm vorausgesagt, wenn er das Leben ernster nähme. *Sie stockt. Dann mit seltsamer, trauriger Entrücktheit* Ein Jammer. Der arme Jamie. Kaum zu begreifen – *Plötzlicher Wandel. Ihr Gesicht verhärtet sich. Sie schaut Tyrone anklagend und feindselig an.* Oder vielmehr doch. Du hast ihm ja das Saufen beigebracht. Kaum war er auf der Welt, da hat er dich trinken sehen. Die Whiskyflasche auf dem Hotelschreibtisch hat nie gefehlt. Und immer, wenn er Bauchweh hatte oder unruhig schlief, war ein Löffel davon dein Patentrezept.

TYRONE *gekränkt* Ach so, wegen mir ist der faule Hund zum Säufer und zum Strolch geworden! Um mir das anzuhören, bin ich also nach Hause gekommen! Aber ich hätte es mir ja denken können. Wenn du Gift genommen hast, gibst du immer allen anderen die Schuld und nie dir selbst.

EDMUND Papa! Wer hat vorhin von der Waagschale geredet! *Dann vorwurfsvoll* Aber recht hat sie schon. Mit mir hast du das auch gemacht. Ich erinnere mich noch genau an den Schnapslöffel, wenn ich aus einem schweren Traum aufgewacht bin.

MARY *unbeteiligt rückblickend* Ja, du hast immer Alpträume gehabt als Kind. Du bist verängstigt auf die Welt gekommen, Weil ich soviel Angst davor hatte, dich zu kriegen. *Sie stockt. Dann ebenso entrückt* Nein, ich gebe deinem Vater keine Schuld, das darfst du nicht glauben. Er wußte es ja nicht besser. Er mußte mit zehn schon von der Schule, seine Familie lebte im tiefsten irischen Elend und war gänzlich ungebildet. Sie haben sicher fest daran geglaubt, daß ein Löffel Schnaps am besten gegen Angst und Krankheit hilft.

Tyrone will zu einer zornigen Rechtfertigung seiner Familie ansetzen. Edmund fährt dazwischen.

EDMUND *scharf* Papa! *Wechselt das Thema* Kriegen wir jetzt was zu trinken oder nicht?

TYRONE *reißt sich zusammen. Trübsinnig* Ja, du hast recht. Daß ich Esel auch jedesmal darauf hereinfalle. *Hebt lustlos das Glas* Wohl bekomm's, mein Junge.

Edmund trinkt. Tyrone starrt nur weiter auf sein Glas. Edmund hat das Wasser im Whisky sofort bemerkt. Er schaut stirnrunzelnd zur Flasche, dann zu seiner Mutter hin, setzt zum Sprechen an und schweigt dann lieber.

MARY *neuer, reumütiger Ton* Entschuldige, James, ich wollte nicht bitter klingen. Ich bin gar nicht verbittert. Dazu ist alles viel zu fern. Aber ein bißchen hat mich der Satz vorhin schon gekränkt, daß du lieber gar nicht erst nach Hause gekommen wärst. Ich war doch so froh und erleichtert, daß ihr wieder da wart, und dankbar außerdem. Zu öde und traurig, allein hier herumsitzen, im Nebel und im Dunkeln.

TYRONE *gerührt* Wenn du bei dir bist, Mary, dann bin ich immer gern daheim.

MARY Cathleen hat mir Gesellschaft leisten müssen. *Sie schlüpft in die schüchterne Klosterschülerin zurück.* Und weißt du, wovon ich ihr erzählt habe, James? Von dem

Abend, wie mein Vater mich in deine Garderobe mitgenommen hat und ich mich in dich verliebt habe. Weißt du noch?

TYRONE *zutiefst gerührt, mit belegter Stimme* Glaubst du, das könnte ich je vergessen, Mary?

Edmund blickt traurig und verlegen von ihnen weg.

MARY *zärtlich* Nein. Ich weiß, du liebst mich immer noch, trotz allem.

TYRONE *aufgewühlt und mit den Tränen kämpfend. Leise und eindringlich* Ja! Bei meiner Seele! Auf immer und ewig.

MARY Und ich dich, James. Auch trotz allem.

Schweigen. Edmund rückt sich vor Verlegenheit im Sessel zurück. Mary verfällt wieder in ihre seltsame Abgelöstheit. Unpersönlich und wie über entfernte Bekannte

Aber ehrlich gesagt, James, ich hätte dich trotz meiner Verliebtheit nie geheiratet, wenn ich von deiner Trinkerei damals schon gewußt hätte. Ich weiß noch das erste Mal, wie deine Kneipenfreunde dich nachts zu unserem Hotelzimmer heraufgeschleppt haben und dann weggelaufen sind, bevor ich an die Tür kam. Weißt du noch? Das war noch auf der Hochzeitsreise.

TYRONE *schuldbewußt heftig* Gar nichts weiß ich! Es war nicht auf der Hochzeitsreise! Ich habe mir meiner Lebtage nicht ins Bett helfen lassen oder eine Vorstellung geschmissen!

MARY *als hätte er nichts gesagt* Stunde um Stunde hatte ich in dem häßlichen Hotelzimmer auf dich gewartet. Eine Entschuldigung nach der nächsten kam mir für dich in den Sinn. Ich redete mir ein, es hätte im Theater was gegeben. Das war mir damals ja alles noch ganz neu. Und dann bekam ich furchtbar Angst. Ich malte mir aus, dir wäre etwas Schreckliches zugestoßen. Ich kniete nieder und betete, du möchtest heil wieder zurückkommen –, und da schleppten sie dich an und ließen dich vor der Türe liegen. *Kleines, trauriges Aufseufzen* Damals wußte ich noch nicht, wie oft mir das noch blühen würde, in einem häßlichen Hotelzimmer auf dich zu warten. Aber schließlich habe ich mich daran gewöhnt.

EDMUND *vorwurfsvoller, haßerfüllter Ausbruch* So war das also! Kein Wunder –! *Reißt sich zusammen. Schroff* Wann gibt's jetzt endlich was, Mama? Zeit wär's.

TYRONE *will sein überwältigendes Schamgefühl verbergen und nestelt seine Uhr heraus* Ja. Ich glaube auch. Laß sehen. *Er starrt blind auf die Uhr. Flehentlich* Mary! Kannst du das nie vergessen?

MARY *unbeteiligter Mitleidston* Nein, Schatz. Aber vergeben schon. Das kann ich doch immer. Also schau nicht so bedrückt. Ich habe mich nur laut erinnert, entschuldige. Ich will ja gar nicht traurig sein oder dich traurig machen. In der Vergangenheit zählt nur das Glück für mich. *Wieder ganz die scheue, fröhliche Klosterschülerin* Weißt du noch, unsere Hochzeit, Schatz? Mein Brautkleid hast du bestimmt schon ganz vergessen. Männer haben für so was ja kein Auge. Nebensachen, sagen sie. Aber für mich war es keine Nebensache, glaub mir das! Die Aufregung! Das Kopfzerbrechen! Ich war ja ganz zappelig vor Glück. Mein Vater sagte, such dir ruhig aus, was dir gefällt, das Geld spielt keine Rolle. Das Beste ist grade gut genug. Ach, er hat mich fürchterlich verwöhnt. Meine Mutter um so weniger. Die war sehr streng und gottesfürchtig. Und eifersüchtig, glaub ich, auch. Und ganz gegen meine Heirat – mit einem Schauspieler noch dazu! Sie hätte mich bestimmt lieber als Nonne gesehen. Oft hat sie meinen Vater ausgescholten. ›Wenn ich mir mal was kaufen will‹, schimpfte sie dann, ›dann sagst du nie, das Geld spielt keine Rolle. Du hast einen verzogenen Fratz aus ihr gemacht – ihr Mann kann mir jetzt schon leid tun, wenn sie überhaupt noch einen kriegt. Der soll sie dann auf lauter Rosen betten. Aus der wird niemals eine gute Ehefrau.‹ *Liebevolles Lachen* Die Gute! *Lächelt Tyrone mit seltsam unangemessener Koketterie zu* Aber da hat sie sich getäuscht, nicht wahr, James? Eine so schlechte Ehefrau war ich doch gar nicht, oder?

TYRONE *mit belegter Stimme. Zwingt sich zu lächeln* Hab
ich mich denn beklagt, Mary?

MARY *Anflug von unbestimmtem Schuldbewußtsein* Wenigstens hab ich dich immer liebgehabt und mein Mög-
lichstes getan –, ich meine, soweit die Umstände das er-
laubten. *Der Schatten von Schuldgefühl hebt sich. Wieder scheu und mädchenhaft* Also, dieses Brautkleid hat
mich fast umgebracht und die Schneiderin dazu! *Lacht*
Ich nahm's ja so genau! Immer hatte ich noch etwas dran
auszusetzen. Zum Schluß hat sie sich geweigert, noch
weiter daran herumzupfuschen, und ich habe sie wegge-
schickt, um mich in Ruhe im Spiegel zu bewundern. Ich
war ganz hingerissen. Ich sagte mir: ›Naja, vielleicht sind
die Nase, der Mund und die Ohren etwas groß geraten,
aber die Augen, die Haare und die Figur machen alles
wieder wett. So hübsch wie seine Star-Kolleginnen bist
du schon lange und brauchst dich dafür nicht erst anzu-
malen.‹ *Sie stockt und runzelt die Stirn, um sich zu besin-
nen.* Wo ist das Brautkleid eigentlich hingeraten? Früher
hab ich's immer in Seidenpapier verpackt im Koffer da-
beigehabt. Ich wollte doch immer eine Tochter, und später, bei ihrer Heirat – Ein schöneres Kleid hätte sie nirgendwo bekommen können, und außerdem, James, du
hättest todsicher nicht gesagt, daß Geld keine Rolle
spielt. Du hättest sie zu etwas Günstigem überreden
wollen. Das meine war ganz aus weichschimmerndem
Satin, mit winzigen Rüschen aus herrlicher alter Seidenspitze um den Ausschnitt und die Ärmel und entlang der
Drapierung nach hinten zu der großen Schleife. Das
Mieder war aus Fischbein und saß sehr knapp. Ich weiß
noch, wie ich bei den Anproben den Atem anhielt, damit ich eine möglichst schmale Taille bekam. Mein Vater
hat mir sogar Spitzenschleifen auf den Seidenschuhen
spendiert und auf dem Schleier zwischen den
Orangenblüten. Was war ich in dieses Kleid vernarrt! Es
war ein Prachtstück. Aber wo ist es jetzt? In den ersten
Jahren habe ich es ab und zu hervorgeholt, wenn ich ein-

sam war, aber ich fing jedesmal an zu weinen, und so habe ich es schließlich irgendwann einmal – *Sie runzelt neuerlich die Stirn.* Wo kann es nur abgeblieben sein? In einem alten Koffer auf dem Speicher wahrscheinlich. Ich muß es suchen, bei Gelegenheit.

Sie schweigt und starrt vor sich hin. Tyrone seufzt und schüttelt entmutigt den Kopf. Er sucht Mitgefühl im Blick von Edmund, der aber weiter zu Boden schaut.

TYRONE *gezwungen beiläufig* Wird es nicht Zeit zum Essen, Schatz? *Schwacher Versuch, sie aufzuziehen* Ewig zu spät zum Essen, heißt es von mir doch immer, aber wenn ich einmal pünktlich bin, dann kommt das Essen nicht. *Sie scheint nicht zu hören. Weiter launig* Naja, wenn schon nichts gegen den Hunger, dann wenigstens was gegen den Durst. Ich hab' schon gar nicht mehr daran gedacht.

Er trinkt. Edmund schaut ihm gespannt zu. Tyrones Gesicht verfinstert sich. Er mustert seine Frau mit einem plötzlichen bösen Verdacht. Lospolternd

Wer hat hier mit meinem Whisky gepanscht? Das ist ja zur Hälfte Leitungswasser! Jamie war weg. Außerdem würde er es nie so weit treiben. Das merkt doch ein Blinder – Also, Mary, was ist? *Angewidert und zornig* Sag bloß nicht, du hättest jetzt zu dem Gift obendrein noch –

EDMUND Ruhe, Papa! *Zu Mary, ohne sie anzuschauen* Du hast Cathleen und Bridget einen Drink spendiert, stimmt's Mama?

MARY *gleichgültige Beiläufigkeit* Ja, freilich. Sie rackern sich hier ab für einen Hungerlohn. Ich als Hausfrau muß dafür sorgen, daß sie nicht weglaufen. Außerdem wollte ich Cathleen dafür belohnen, daß sie mit mir in die Stadt gefahren ist und in der Apotheke das Mittel für mich geholt hat.

EDMUND Um Himmels willen, Mama! Auf die kannst du dich doch nicht verlassen! Soll es denn die ganze Stadt erfahren?

MARY *störrisches Gesicht* Was denn erfahren? Daß ich

rheumatische Hände habe und dafür ein Schmerzmittel brauche? Das ist doch keine Schande! *Gegen Edmund mit hartem Vorwurf, fast rachsüchtiger Feindseligkeit* Bevor du auf die Welt gekommen bist, wußte ich kaum, was Rheuma ist! Frag deinen Vater!

Edmund schaut weg und zieht sich in sich selbst zurück.

TYRONE Gib nichts drauf, mein Junge. Es hat nichts zu besagen. Wenn sie jetzt schon mit ihrer Rheuma-Ausrede daherkommt, ist sie schon sehr weit weg.

MARY *gegen ihn, mit einem seltsam überlegenen, herausfordernden Lächeln* Gut, daß du es selber merkst, James. Vielleicht hört ihr dann endlich auf, du und Edmund, mich mit Erinnerungen zu belästigen! *Unvermittelt distanziert und sachlich* Mach doch Licht, James. Es wird dunkel. Du hörst es zwar nicht gern, aber Edmund hat dir ja vorgerechnet, wie wenig eine Birne kostet. Man kann die Angst vor dem Armenhaus auch übertreiben.

TYRONE *eingeübte Reaktion* Von einer Birne hab ich nie geredet, aber hier eine und da eine und keine jemals ausgeknipst –, davon wird das Stromwerk dick und fett. *Er steht auf und macht die Leselampe an. Grob* Ach, Blödsinn, dir mit der Vernunft zu kommen! *Zu Edmund* Ich geh uns eine neue Flasche holen, damit wir endlich was Genießbares ins Glas kriegen. *Geht ins Durchgangszimmer*

MARY *unbeteiligte Belustigung* Jetzt schleicht er sich ums Haus zur äußeren Kellertür, damit die Dienstboten nichts merken sollen. Es ist ihm nämlich peinlich, daß er den Whisky unter Verschluß hält. Dein Vater ist ein sonderbarer Kauz, Edmund. Ich habe Jahre gebraucht, bis ich ihn verstand. Aber du mußt schon auch ein wenig Verständnis und Nachsicht für ihn aufbringen und darfst ihn für seine Knauserigkeit nicht verachten. Sein Vater hat seine Mutter mit sechs Kindern sitzenlassen, kaum, daß sie ein Jahr in Amerika waren. Er hatte Vorahnungen von einem frühen Tod und Heimweh nach Irland und wollte dort begraben sein. Er fuhr und starb tatsächlich. Er war wohl auch ein wenig eigenartig. Dein Vater mußte schon mit zehn zur Arbeit, als Werkzeugmacher.

EDMUND *dumpfer Protest* Ach, zum Kuckuck, Mama, mit der Werkzeugmacher-Story hat mich Papa schon zigmal angeödet.

MARY Ja, mein Junge, das hast du schon oft gehört. Aber hast du auch verstanden, was das heißt?

EDMUND *übergeht das. Niedergeschlagen* Hör mal, Mama, so weit kannst du nicht sein, daß du dich an gar nichts mehr erinnerst. Du hast mich nicht danach gefragt, was mit mir los ist. Ist dir das ganz egal?

MARY *bestürzt* Sag so was nicht! Das tut mir weh, Kind.

EDMUND Es ist was Ernstes, Mama. Doktor Hardy ist sich jetzt sicher.

MARY *erstarrt in verächtlichem, störrischem Trotz* Ach, der verlogene, alte Quacksalber! Ich hab's gewußt, daß der mit irgendeinem Unsinn –

EDMUND *niedergeschlagen, hartnäckig* Es war ein Facharzt bei der Untersuchung dabei, um jeden Zweifel auszuschließen.

MARY *überhört das* Erzähl mir bloß nichts von Doktor Hardy! Du hättest den Arzt im Sanatorium hören sollen – und der versteht wirklich was von seinem Fach – was der über seine Behandlungsmethoden gesagt hat. Der gehört hinter Schloß und Riegel, hat er gemeint. Ein Wunder, daß Sie darüber nicht verrückt geworden sind! Da habe ich ihm erzählt, daß ich einmal schon so weit war. Wie ich im Nachthemd hinausgerannt bin und mich von der Hafenmauer stürzen wollte. Du weißt doch noch? Und da soll ich mir anhören, was Doktor Hardy zu erzählen hat? Niemals!

EDMUND *bitter* Allerdings weiß ich das noch. Denn daraufhin haben Papa und Jamie beschlossen, mir nichts mehr zu verheimlichen. Jamie hat es mir beigebracht. Ich habe ihn Lügner genannt und wollte ihm die Nase blutig schlagen. Dabei wußte ich, daß ich im Unrecht war. Er hatte nicht gelogen. *Seine Stimme zittert, die Tränen steigen ihm in die Augen.* Und da – danach kam mir das Leben wie versaut vor.

MARY *jämmerlich* Bitte nicht! Mein Kind! Tu mir doch nicht so furchtbar weh!

EDMUND *trübselig* Tut mir leid, Mama. Aber du hast davon angefangen. *Mit verbitterter, entschlossener Hartnäckigkeit* Hör zu, Mama. Ob du es wissen willst oder nicht. Ich muß ins Santorium.

MARY *benommen, als hätte sie daran noch nie gedacht* Du gehst fort? *Wild* Nein! Ich lasse das nicht zu! Wie kommt Doktor Hardy zu einem solchen Vorschlag ohne Rücksprache mit mir! Wie kommt dein Vater dazu, da einzuwilligen! Mit welchem Recht? Du bist mein Kind! Soll er sich doch um Jamie kümmern! *Zunehmend erregt und verbittert* Ich weiß schon, warum er dich ins Sanatorium schickt. Um dich mir wegzunehmen! Das wollte er schon immer! Auf jedes meiner Kinder war er eifersüchtig! Immer fand er Gründe, mich von ihnen wegzubringen! Darum hat Eugene sterben müssen. Und dich hat er am schlimmsten mit seiner Eifersucht verfolgt. Er wußte, dich liebte ich am meisten, denn –

EDMUND *jämmerlich* Ach hör doch endlich auf mit dem verrückten Zeug, Mama! Gib nicht immer ihm die Schuld an allem! Und was hast du eigentlich so dagegen, daß ich fort bin? Ich war schon öfter weg, und das hat dir doch auch nicht grade das Herz gebrochen!

MARY *bitter* Vielleicht ist es mit deiner Feinfühligkeit doch nicht so weit her. *Traurig* Als ich wußte, daß du wußtest –, wie es um mich steht –, da mußte ich doch froh sein, wenn du woanders warst, wo du mir nicht zuschauen konntest. Hast du das denn nicht erraten, Kind?

EDMUND *mit versagender Stimme* Mama! Nicht! *Er sucht blindlings nach ihrer Hand und ergreift sie, läßt aber sogleich wieder von ihr ab, von Verbitterung neu über-*

mannt. Dauernd redest du davon, wie sehr du mich liebst. Aber beim ersten Wort von meiner Krankheit –

MARY *plötzlicher Wechsel zu unbeteiligter, mütterlicher Bevormundung* Na, na, jetzt reicht es aber! Ich will mir nur nicht Doktor Hardys blödsinnige Lügenmärchen anhören.

Er verschließt sich in sich selbst. Mary weiter im gezwungen hänselnden Ton, aber zunehmend vorwurfsvoll

Du bist genau wie dein Vater, Kind. Aus jeder Mücke einen Elefanten machen, immer gleich die große Tragödie! *Herabsetzendes Auflachen* Noch ein bißchen Mitgefühl, und ich bekomme von dir zu hören, daß du sterben müßtest –

EDMUND Man kann auch daran sterben. Dein Vater zum Beispiel –

MARY *scharf* Wie kommst du denn auf meinen Vater? Der hat damit gar nichts zu tun. Er war tuberkulosekrank. *Zornig* Manchmal bist du unausstehlich mit deiner ewigen Verdüsterung und Unkerei. Ich will das nicht, an meinen toten Vater erinnert werden, hörst du?

EDMUND *verhärtetes Gesicht. Mit Ingrimm* Ja, Mama. Aber ich hätte es lieber nicht gehört, das sag' ich dir! *Er steht auf. Verbittert und mit anklagendem Blick* Das geht manchmal ganz schön an die Knochen, eine Fixerin als Mutter!

Sie stöhnt auf, ihr Gesicht wird leblos wie eine Totenmaske. Edmund verwünscht sich sofort für seine Worte. Klägliches Gestammel

Bitte, verzeih' mir, Mama. Das war nur aus Wut gesagt. Du hast mir weh getan.

Schweigen. Man hört das Nebelhorn und die Schiffsglokken.

MARY *geht langsam und wie willenlos zu der Fensterreihe links und schaut hinaus. Ausdrucksleer und wie von fern* Nun hör' dir dieses Getute und Gebimmel an! Warum im Nebel nur alles so trostlos und gottverlassen klingen muß –?

EDMUND *am Ende seiner Kräfte* Ich – ich muß weg. Ich bin nicht da zum Essen.

Er läuft durch die Salontür hinaus. Mary starrt weiter hinaus, bis sie die Haustür zufallen hört. Dann geht sie zu ihrem Sessel zurück und setzt sich, das Gesicht noch immer ausdruckslos.

MARY *unschlüssig* Ich muß nach oben. Es ist zu wenig gewesen. *Sie schweigt. Dann sehnsüchtig* Ach, wenn ich doch einmal eine Überdosis abbekäme! Nein, nicht mit Absicht. Das würde mir die Heilige Jungfrau niemals vergeben.

Sie hört Tyrone zurückkommen und wendet sich bei seinem Eintritt aus dem Durchgangszimmer zu ihm um. Er hat eine frischgeöffnete Whiskyflasche dabei und kocht vor Wut.

TYRONE *empört* Das Schloß ist zerkratzt. Der versoffene Lümmel hat schon wieder mal mit einem Stück Draht daran herumgemurkst. *Befriedigt über den schlauen Schachzug – das Spiel mit seinem ältesten Sohn ist alt.* Aber diesmal ist er der Dumme. Da hängt jetzt ein Spezialschloß dran, das kriegt noch nicht mal ein Profi auf. *Er stellt die Flasche auf den Tisch, bemerkt dann plötzlich, daß Edmund nicht mehr da ist.* Wo ist Edmund?

MARY *unbestimmt und entrückt* Er ist ausgegangen, in die Stadt wahrscheinlich, Jamie suchen. Er wird noch Geld übrig haben, das will er in der Kasse klingeln hören. Er wär zum Essen nicht da, hat er gesagt. Er hat so gar keinen Appetit in letzter Zeit. *Störrisch* Naja, die Sommergrippe eben.

Tyrone schaut sie an und schüttelt hilflos den Kopf. Er gießt sich ein großes Glas ein und trinkt es leer. Marys Fassade bricht in sich zusammen. Sie schluchzt.

Ach, James, ich habe solche Angst! *Sie steht auf, wirft ihm die Arme um den Hals und birgt das Gesicht an seiner Schulter. Schluchzend* Er muß sterben! Ich weiß es!

TYRONE Sag so was nicht! Das ist nicht wahr! In einem hal-

ben Jahr ist er geheilt, das haben die mir fest versprochen.

MARY Das glaubst du ja selber nicht! Ich merk doch, wenn
du nur Theater machst! Und dann bin ich dran schuld.
Hätte ich ihn doch nie zur Welt gebracht, das wäre besser für ihn gewesen. Dann hätte ich ihm nicht so wehge-
tan. Er hätte keine Fixerin zur Mutter gehabt – und sie
dafür hassen müssen!

TYRONE *versagende Stimme* Still, Mary, um Gottes willen,
sag das nicht. Er liebt dich doch. Er weiß genau, es ist
wie ein Fluch über dich gekommen, du hast es nicht gewußt und nicht gewollt. Er ist stolz auf seine Mutter. *Er
hört die Küchentür. Unvermittelt* Still jetzt, Cathleen
kommt. Sie sieht sonst, daß du weinst.
*Sie wendet sich rasch von ihm, wischt sich hastig die Trä-
nen ab und geht zu der Fensterreihe links. Gleich darauf
kommt Cathleen aus dem Durchgangszimmer. Sie steht
nicht mehr fest auf den Beinen und lächelt benebelt in die
Runde.*

CATHLEEN *fährt beim Anblick von Tyrone schuldbewußt zusammen. Würdevoll* Es ist angerichtet, Mister Tyrone.
Unnötig laut Das Essen, gnä' Frau. *Sie vergißt, auf ihre
Würde zu achten. Zu Tyrone, gutmütig-vertraulich* Da
sind Sie ja auf einmal doch! Na, das wird ja was geben.
Die Bridget platzt, wenn sie das hört. Die gnä' Frau hat
nämlich gemeint, Sie kommen nicht. *Bemerkt den Vorwurf in seinem Blick* Sie brauchen mich gar nicht so
schief anschauen. Ich hab einen zuviel erwischt, na und?
Hab ihn ja nicht gemopst! Der war spendiert. *Sie wendet
sich in gekränkter Würde ab und verschwindet im Durchgangszimmer.*

TYRONE *seufzt. Theaterhafte Herzlichkeit* Komm schon,
Schatz. Abendessen. Ich bin hungrig wie ein Wolf.

MARY *geht zu ihm. Wieder maskenstarres Gesicht. Ganz von
fern* Du mußt ohne mich auskommen, James, es tut mir
leid. Ich könnte keinen Bissen runterkriegen. Die
Hände tun mir furchtbar weh. Ich geh am besten gleich

zu Bett und schlafe. Gute Nacht, Schatz. *Sie küßt ihn teilnahmslos und geht auf den Salon zu.*

TYRONE *grob* Nichts wie rauf und noch mal eine Nadel mit dem Teufelszeug, was? Und heute nacht geisterst du dann wieder herum wie ein verrücktgewordener Irrwisch!

MARY *im Weggehen. Ausdruckslos* Was redest du da, James. Du kannst manchmal so gemein und giftig sein, wenn du zuviel getrunken hast, genau wie Jamie oder Edmund.

Sie geht durch den Salon hinaus. Tyrone bleibt einen Augenblick unschlüssig stehen, ein trauriger, verstörter, gebrochener alter Mann. Dann geht er schleppend zum Durchgangszimmer hinaus.

Vorhang

4. Akt

Derselbe Schauplatz, gegen Mitternacht. Der Hausflur ist dunkel, so daß auch kein Licht aus dem Salon ins Wohnzimmer fällt, das seinerseits nur von der Leselampe erhellt wird. Der Nebel vor dem Fenster hat sich zur festen Wand verdichtet. Beim Aufgehen des Vorhangs tutet das Nebelhorn, dann Schiffsglockengebimmel vom Hafen her.
Tyrone sitzt am Tisch. Er hat einen Zwicker auf und legt eine Patience. Die Jacke hat er abgelegt und sich einen alten, braunen Bademantel dafür angezogen. Die Whiskyflasche auf dem Tablett ist zu drei Vierteln geleert. Mit einer zweiten, unangebrochenen ist für ausreichend Nachschub gesorgt. Tyrone ist betrunken, was sich in dem großäugigen, bedächtigen Blick zeigt, mit dem er jede einzelne Karte prüft und sie dann unschlüssig ablegt. Seine Augen wirken getrübt und glasig, der Mund schlaff. Aber soviel er auch getrunken hat, die Flucht aus seinem Elend ist ihm damit nicht gelungen, und wie zu Ende des dritten Aktes macht er den Eindruck eines traurigen und geschlagenen alten Mannes, der alle Hoffnung und Zuversicht aufgegeben hat.
Er hat gerade eine Partie zu Ende gespielt und schiebt die Karten zusammen. Er mischt sie unbeholfen, läßt ein paar fallen, bückt sich mühsam nach ihnen und mischt sie neu. Jemand kommt zur Haustür herein. Er schaut über seinen Zwicker in den Salon.

TYRONE *lallend* Wer ist da? Edmund, bist's du?
   Edmund erwidert knapp: ›Ja.‹ Man hört ihn irgendwo anstoßen und fluchen. Das Licht im Hausflur geht an. Tyrone runzelt die Stirn und ruft.
Mach das Licht aus, wenn du reinkommst.
   Aber das Licht bleibt an. Edmund kommt durch den Sa-

*lon ins Zimmer. Auch er ist inzwischen betrunken, was
man ihm, wie seinem Vater, kaum anmerkt, außer an den
Augen und einer wie gehetzten, angriffslustigen Haltung.
Tyrone begrüßt ihn zunächst herzlich und mit Erleichte-
rung.*

Gut, daß du kommst, Junge. Ich war hundsallein hier.
Vorwurfsvoll Du gefällst mir vielleicht, rennst weg und
läßt mich den ganzen Abend lang sitzen, wo du weißt –
Schroff und gereizt Du sollst das Licht ausmachen, hab
ich gesagt! Wir feiern nicht Hochzeit hier. Also kein
Grund, mit dieser Festbeleuchtung unnötig Geld zu ver-
pulvern!

EDMUND *zornig* Festbeleuchtung! Die eine Birne! Bei jeder normalen Familie brennt das Licht im Flur, bis sie zu
Bett geht. *Er reibt sich das Knie.* Ich hätt mir an dem
blöden Kleiderständer fast das Knie ausgekugelt.

TYRONE Es kommt genug Licht aus dem Wohnzimmer.
Wenn du nüchtern wärst, hättest du ihn gesehen.

EDMUND Wenn *ich* nüchtern wäre! Du bist gut.

TYRONE Was andere machen, ist mir schnurz. Wenn die ihr
Geld hinaushauen, nur um gut dazustehen, bitte sehr!

EDMUND Die eine Birne! Jetzt mach aber mal einen Punkt.
Ich hab dir genau vorgerechnet, daß eine Birne über
Nacht noch nicht mal soviel kostet wie ein Doppelter.

TYRONE Ich pfeif auf deine Rechnung! Die, die ich zahlen
muß jeden Monat, beweist mir das Gegenteil!

EDMUND *setzt sich Tyrone gegenüber. Verächtlich* Tatsa-
chen bedeuten wohl nichts, wie? Wahr ist nur, was du
gern glaubst. *Stichelnd* Daß Shakespeare aus Irland und
ein Katholik war, zum Beispiel.

TYRONE *störrisch* War er ja auch. Das läßt sich aus seinen
Stücken belegen.

EDMUND Er war es nicht. Gar nichts läßt sich aus seinen
Stücken belegen, außer für dich. *Höhnisch* Und der
Herzog von Wellington, der war auch aus Irland und ein
aufrechter Katholik.

TYRONE Aufrecht hab ich nie behauptet, Vom Glauben ab-
gefallen, aber trotzdem katholisch.

EDMUND Eben auch nicht. Aber für dich mußte er aus Irland und Katholik sein, um Napoleon unterzukriegen.

TYRONE Darüber streite ich nicht mir dir. Ich hab'dich gebeten, das Licht im Flur auszumachen.

EDMUND Ich weiß, aber wenn es nach mir geht, bleibt es an.

TYRONE Werd'mir hier bloß nicht frech! Machst du's jetzt aus, ja oder nein?

EDMUND Nein! Mach's doch selbst aus, du übergeschnappter Geizhals!

TYRONE *zornige Drohung* Jetzt hör'mal zu, Freund. Ich hab'dir manches durchgehen lassen, weil du oft so verrücktes Zeug angestellt hast, daß ich dich für nicht ganz richtig im Kopf hielt. Ich hab'dich sogar noch verteidigt und dir nie ein Haar gekrümmt. Aber einmal läuft das Faß über. Du machst jetzt sofort das Licht aus, oder du alter Esel kriegst von mir eine Tracht Prügel, daß du – *Ihm fällt Edmunds Krankheit ein. Sofort beschämt und schuldbewußt* Entschuldige, mein Junge. Du bist ja – Aber dann treib'mich auch nicht dauernd auf die Palme.

EDMUND *seinerseits beschämt* Schon gut, Papa. Tut mir auch leid. Warum bin ich bloß so ausfallend geworden? Naja, ein bißchen angedudelt eben. Also gut, aus mit dem blöden Licht. *Er will aufstehen.*

TYRONE Nein, bleib'sitzen. Laß es brennen. *Er kommt etwas schwerfällig auf die Beine und schraubt nacheinander die drei Birnen im Leuchter fest. Kindliches, verbittert-theatralisches Selbstmitleid* Sie sollen alle an sein! Sie sollen alle brennen! Mir doch gleich! Wenn's doch ins Armenasyl geht mit mir, warum nicht gleich! *Er hat die Birnen eingeschraubt.*

EDMUND *schaut ihm bei seinem Treiben zu und findet es immer komischer. Liebevoll-verschmitztes Lächeln. Hänselnd* Bravo! Vorhang! *Er lacht.* Papa, du bist unglaublich.

TYRONE *setzt sich verlegen hin. Weinerlicher Groll* Nur zu,

105

lach ihn nur aus, den blöden Alten, den Schmieren-
komödianten. Aber der letzte Akt spielt trotzdem im
Armenhaus, und das ist gar nicht komisch.
*Edmund macht sich weiter lustig über ihn. Tyrone wech-
selt das Thema.*
Na gut, Schwamm drüber. Du hast was auf dem Kasten,
auch wenn du's niemals zugibst. Du kommst schon noch
dahinter, was Geld wert ist. Aber dein Bruder lernt's
nie, dieser Vagabund. Bei dem ist Hopfen und Malz verloren. Wo ist er eigentlich abgeblieben?

EDMUND Weiß ich doch nicht.

TYRONE Ich denke, du hast dich mit ihm in der Stadt getroffen?

EDMUND Nein. Ich bin am Strand entlanggelaufen. Ich hab
ihn nachmittags zuletzt gesehen.

TYRONE Also, wenn du so blöd warst und ihm von meinem
Geschenk was abgegeben hast –

EDMUND Aber sicher. Er hilft mir auch aus der Patsche,
wenn er kann.

TYRONE Dann weiß ich, wo er ist, auch ohne Hellseher. Im
Puff, wie immer.

EDMUND Na und? Warum denn nicht?

TYRONE *verächtlich* Ja, warum denn nicht. Da gehört er ja
auch hin. Nach was Besserem als den Huren und dem
Suff hat dem der Sinn noch nie gestanden. Nicht, daß ich
wüßte.

EDMUND Um Himmels willen, Papa! Wenn du wieder mit
der Leier anfängst, ohne mich. *Er will aufstehen.*

TYRONE *einlenkend* Okay, okay, ich hör ja schon auf. Ich
kann mir auch lustigere Themen vorstellen. Trinkst du
was mit mir?

EDMUND Jetzt redest du Klartext!

TYRONE *reicht ihm die Flasche. Eingeübter Vorbehalt* Eigentlich sollte ich nicht. Du hast genug gehabt.

EDMUND *gießt sich ein großes Glas ein. Angetrunken* Aus
genug wird nie ein Fest. *Gibt die Flasche zurück*

TYRONE Zuviel für deinen Zustand.

EDMUND Ach was, mein Zustand! *Hebt das Glas* Also dann.

TYRONE Wohl bekomm's.

Sie trinken.

Viel zu feucht und kalt für dich da draußen.

EDMUND Ich hab' mich in der Kneipe aufgewärmt, beim Hin- und Herweg.

TYRONE Trotzdem kein Ausflugswetter.

EDMUND Mir hat der Nebel so gefallen. Genau, was ich gebraucht hab!

Man hört und sieht ihm den Schwips immer mehr an.

TYRONE Aber du riskierst doch – Das war unvernünftig.

EDMUND Pfeif' auf die Vernunft! Wir sind verrückt. Was willst du denn mit deiner ewigen Vernunft? *Ironische Dowson-Rezitative.*

»Sie dauern nicht, das Lachen und Weinen,
Die Liebe, der Haß, die Begier,
Es kommt die Zeit, da bewegen sie keinen:
Hinter der Tür.

Sie dauern nicht, der Wein und die Rosen,
Denn alles, was wir hier schaun,
Ist ein kleines Stück Weg im Weglosen,
Kurz wie ein Traum.«

Edmund starrt vor sich hin.

Ja, ich bin gern draußen im Nebel gewesen. Schon auf dem halben Weg zur Gartentür sieht man das Haus nicht mehr. Es könnte geradesogut gar nicht da stehen. So wenig wie die Häuser in der Nachbarschaft. Ich konnte kaum einen Meter weit schauen. Kein Mensch war unterwegs. Alles, was ich sah und hörte, war unwirklich, nichts war wie sonst. Und gerade das wollte ich – allein und für mich sein in einer anderen Welt, wo die Wahrheit nicht wahr ist, das Leben sich vor sich selber verhüllt. Und auf der Straße am Strand hinter dem Hafen überkam mich das Gefühl, ich hätte kein festes Land mehr unter den Füßen. Der Nebel und das Meer verschmolzen zu einem einzigen, zweigesichtigen Wesen. Es war, als liefe ich, ein schon längst Ertrunkener, über

107

dem Meeresgrund. Ich ging wie ein Nebelgeist durch das zum Geist gewordene Meer. War das ein Frieden, kann ich dir sagen! Bloß noch der Geist von einem Geist –

In Tyrones Blick ist Sorge und gereizte Mißbilligung getreten. Edmund lächelt spöttisch.

Schau mich nicht so an, als wäre ich übergeschnappt. Ich rede doch ganz normal. Wer will denn schon dem Leben ins Gesicht sehen, wenn er nicht unbedingt muß? Es blickt dich an wie die drei Gorgonen auf einmal –, und du versteinerst. Es ist wie Pan. Wer ihn anschaut, der stirbt in seinem Inneren und muß weiterleben als Geist.

TYRONE *beeindruckt und zugleich abgestoßen* In dir steckt wirklich ein Dichter, Aber auch nur so ein dekadentes Luder. *Gezwungenes Lächeln* Ach was, bleib mir vom Leib mit deiner Schwarzseherei. Ich bin deprimiert genug. *Er seufzt.* Warum hältst du dich nicht an Shakespeare, statt an deine Salondichter? Bei dem findest du immer das richtige Wort für dich – und für alles, was Worte lohnt. *Voller, getragener Bühnenton* »Wir sind aus solchem Stoff, aus dem die Träume sind, und unser kleines Leben umfaßt ein Schlaf«.

EDMUND *ironisch* Gut! Wirklich schön. Aber nicht ganz, was ich meinte. Wir sind aus solchem Stoff, daß er zum Himmel stinkt, also kippen wir einen und reden von was anderem. Das wollte ich schon eher sagen.

TYRONE *angewidert* Ach, verschon mich mit solchen Anwandlungen. Ich hätte dir nichts geben sollen.

EDMUND Ja, der hat ganz schön reingeknallt, Bei dir auch. *Freches, herzliches Lächeln* Auch wenn du nie eine Vorstellung geschmissen hast. *Aufgebracht* Und was hast du gegen den Suff? Wir sind doch beide froh, wenn wir hinüber sind. Komm, tun wir doch nicht so, Papa, Wenigstens heute nicht. Es ist dasselbe, woran wir nicht mehr denken wollen. *Schnell* Nein, keine Unterhaltung drüber. Das ist zwecklos jetzt.

TYRONE Nein, wir können uns nur dreinfügen, Wieder mal.

EDMUND Oder uns betrinken, bis zur Besinnungslosigkeit. *Er rezitiert, und zwar recht eindrucksvoll, mit bitterer, ironischer Intensität, Baudelaires ›Enivrez-vous‹.* »Seid stets betrunken. Daran hängt alles; nichts sonst zählt. Wenn ihr die grausame Last der Zeit nicht eure Schultern zermalmen und euch zu Boden drücken spüren wollt, müßt ihr euch ohne Unterlaß betrinken. Womit? Mit Wein, mit Poesie, mit Tugend, mit was ihr immer wollt. Aber betrinkt euch. Und solltet ihr erwachen dann und wann, im Treppenaufgang des Palasts, im Gras des Straßengrabens, in der düsteren Verlassenheit der eigenen Kammer, und eure Trunkenheit hat nachgelassen oder sich verflüchtigt, dann fragt den Wind, die Welle, den Stern, den Vogel, die Uhr: Sagt mir die Stunde! – Und alles, was da flieht, was seufzt, was schaukelt, was singt, was spricht, sie werden euch erwidern: Es ist die Stunde der Trunkenheit! Betrinkt euch, wenn ihr nicht zu der Zeit geschundenen Knechten werden wollt; betrinkt euch ohne Unterlaß. Mit Wein, mit Poesie, mit Tugend, mit was ihr immer wollt.« *Lacht Tyrone herausfordernd an*

TYRONE *schwerfälliger Humor* Mit der Tugend würd ich's an deiner Stelle lieber gar nicht erst versuchen. *Dann angewidert* Mist! Lauter dekadenter Blödsinn! Und das kleine Körnchen Wahrheit drin hat Shakespeare zehnmal besser ausgedrückt. *Dann lobend* Aber vorgetragen war es gut. Von wem ist es?

EDMUND Baudelaire.

TYRONE Nie gehört.

EDMUND *herausforderndes Lachen* Er hat auch ein Gedicht über Jamie und den Lasterboulevard geschrieben –

TYRONE Der unverbesserliche Streuner! Ich hoffe bloß, daß ihm die letzte Straßenbahn davonfährt. Dann kann er sehen, wie er sich die Nacht um die Ohren schlägt.

EDMUND *überhört das* Der war zwar ein Franzose und hat den Broadway nie gesehen und war bei Jamies Geburt schon gestorben. Aber er hat ihn und unser altes kleines

Nest New York trotzdem gekannt. *Er rezitiert Baudelaires ›Epilogue‹.*

»Zufriednen Herzens stieg ich auf des Berges Spitze,
Von wo weit hingedehnt die Stadt man liegen sieht,
Fegefeuer, Hölle, Zuchthaus, Bordell, Hospize.

Wo jede Scheußlichkeit wie eine Blume blüht,
Du kennst, o Satan, mein Verderben zur Genüge,
Nicht sang ich dort des Wegs ein eitles Trauerlied.

Denn wie ein alter Lustbock einer alten Liebe,
Wollt ich der aufgedunsenen Dirne trunken sein,
Die höllisch mich verführt und zwingt, daß jung ich bliebe.

Ob Schlaf dich wiegt noch in des Morgens Kissen ein,
Dick, düster, hustend, ob über dir sich bläht
Des Abends Segel in seiner goldenen Borten Schein.

Ich lieb dich, feile Metropole! Dieb, Prolet,
Kokotte, wie oft seid ihr bereit, mir zu verleihen
Die Freuden, davon die dumpfe Herde nichts versteht.«

TYRONE *gereizt und angeekelt* Dekadenter Dreck! Wo hast du nur die Vorliebe für so was her? Verdüsterung, Verzweiflung, Schmutz! Noch so ein Atheist, wahrscheinlich. Wer Gott verwirft, verwirft die Hoffnung –, das ist dein großer Fehler. Ein einziges Gebet –

EDMUND *als hätte er das nicht gehört – hämisch* Das kommt Jamie doch recht nah, findest du nicht? Wenn der sich, gehetzt vom Suff und seinen Zwängen, mit einer fetten Nutte ins Stundenhotel verzieht – er mag sie nämlich fett – und ihr dann seine ›Cynara‹ vordeklamiert – *Er rezitiert Dowsons ›Cynara‹, spöttisch, aber mit tiefer Bewegung.*

»An meinem Herzen fühlt ich ihres Herzens Glut
Und ihren Schlaf und ihren Leib die lange Nacht;
O ja, ihre gekauften Küsse schmeckten gut –
Doch wollt in mir die alte Liebe nicht erkalten,

Und krank und matt bin ich zum grauen Tag erwacht:
Auf meine Art, Cynara, hab Treu ich dir gehalten!«
Höhnisch
Und die alte Scharteke versteht natürlich Bahnhof und
hält's für eine Beleidigung! Dabei hat es für Jamie eine
Cynara im Leben nicht gegeben, nie hat er einer Frau
die Treue gehalten, auch nicht auf seine Art! Und doch
fläzt er sich hin und fühlt sich hocherhaben mit seinen
»Freuden, davon die dumpfe Herde nichts versteht«! *Er
lacht.* Verrückt! Komplett verrückt!

TYRONE *unbestimmt, mit schwerer Zunge* Ja, ein Irrsinn.
Ein einziges reumütiges Gebet – Wer Gott verwirft, verwirft auch den Verstand.

EDMUND *überhört das* Aber ich brauche hier nicht den Er-
habenen zu spielen, mir ist dasselbe auch schon passiert.
Und dieser Dowson mit seiner Cynara, war der vielleicht
weniger verrückt? Läßt sich in seinem Absinthkater von
einem Barmädchen inspirieren, die ihn für einen alten,
übergeschnappten Saufkopf hält, ihn stehen läßt und
einen Kellner heiratet! *Er lacht. Dann ernüchtert und mit
aufrichtigem Mitgefühl* Armer Hund. Der Schnaps und
die Schwindsucht haben ihn schließlich geschafft. *Er
schrickt zusammen, momentan verängstigt und tief bedrückt. Dann abwehrende Ironie* Aber ich sollte wohl
taktvollerweise jetzt das Thema wechseln.

TYRONE *schwerfällig* Wo hast du nur die Vorliebe für diese
Bücher her – die ganze scheußliche Versammlung da! *Er
deutet nach hinten auf das kleine Bücherbord.* Voltaire,
Rousseau, Schopenhauer, Nietzsche, Ibsen! Atheisten,
Ignoranten, Irrenhäusler! Und deine Dichter erst! Dieser Dowson und Baudelaire und Swinburne und Oscar
Wilde und Whitman und Edgar Allan Poe! Hurenböcke
und Perverse! Wo du dort *Er deutet auf den großen Bücherschrank.* meine drei schönen Shakespeare-Ausgaben zum Lesen hast!

EDMUND *hänselnd* Der war auch ein großer Säufer vor
dem Herrn, heißt es.

TYRONE Unsinn! Vielleicht einmal ein Glas hie und da –
ein rechter Mann verträgt das schon –, aber doch nicht
so viel, daß er überall nur noch das Laster und den
Schmutz gesehen hat. Mit deinem Gesocks, das du hier
stehen hast, kannst du ihn nicht einmal vergleichen. *Er
deutet auf das kleine Bücherbord.* Dein Schmutzfink
Zola! Und dein Dante Gabriel Rossetti, der Opiumfres-
ser! *Schuldbewußtes Zusammenschrecken*

EDMUND *trockener Gegenzug* Wir sollten wohl klugerweise
jetzt das Thema wechseln. *Schweigen* Daß ich meinen
Shakespeare nicht gelesen hätte, kannst du aber nicht behaupten. Oder wie war das seinerzeit, als du seine großen
Rollen eingeübt hast für den Fall der großen Chance?
Fünf Dollar hast du mit mir gewettet, daß ich das nicht
fertigbrächte. Eine Woche hab' ich gebraucht, genauso
lang wie du, dann hab ich dir den Macbeth fehlerfrei auf-
gesagt, du hast mir nur die Stichwörter gegeben.

TYRONE *beifällig* Du hast recht, das stimmt. *Hänselnd, mit
einem Lächeln und Seufzer* Ich weiß noch, wie du den
Versen den Garaus gemacht hast. Eine entsetzliche
Qual. Ich wollte dir die Probe aufs Exempel schon erlas-
sen.

*Er kichert. Bubenhaftes Lächeln von Edmund, der gleich
darauf über ein Geräusch von oben zusammenfährt.
Angst in der Simme*

Hast du gehört? Sie ist aufgestanden. Und ich hatte gehofft, sie schläft ein.

EDMUND Von wegen. Krieg' ich noch was? *Er greift nach
der Flasche, gießt sich ein und gibt sie Tyrone zurück. Mit
gezwungener Beiläufigkeit als Tyrone sich ein Glas ein-
schenkt* Wann hat sie sich hingelegt?

TYRONE Gleich, als du fort warst. Essen wollte sie nichts.
Warum bist du weggelaufen?

EDMUND Nur so. *Hebt plötzlich das Glas* Na dann Prost.

TYRONE *automatisch* Laß dir's schmecken, mein Junge.
*Sie trinken. Tyrone lauscht auf Geräusche von oben.
Angst in der Stimme*

112

Sie läuft auf und ab. Wenn sie bloß nicht runter-
kommt!

EDMUND Ja. Jetzt hat sie so viel, daß sie nur noch wie ein
Geist aus der Vergangenheit redet. *Er stockt. Dann kläglich* Aus der Zeit, bevor ich auf der Welt war –

TYRONE Bei mir doch genauso! Da redet sie von der Zeit,
bevor sie mich kannte. Und tut so, als wäre sie nur zu
Haus bei ihrem Vater jemals glücklich gewesen oder im
Kloster, mit ihren Gebeten und ihrem Klavier. *Eifersüchtig und voll bitterem Groll* Aber du darfst nicht alles
wörtlich nehmen, was ihr dann in den Sinn kommt, hörst
du? In Wirklichkeit ist es mit ihrem herrlichen Zuhause
so weit nicht hergewesen. Ihr Vater war nicht der spen-
dable, edelmütige große Herr, von dem sie immer erzählt, sondern ein netter, biederer Ire, der viel unter die
Leute ging und gern redete. Wir mochten einander. Er
hat's auch zu was gebracht, im Gemüsegroßhandel.
Doch, doch, ein fähiger Mann, da kann man nichts sagen. Mit Schwächen freilich. Mir wirft sie unentwegt
meine Trinkerei vor, aber von der seinen redet sie nicht.
Ja, gut, er hat zwar erst mit vierzig angefangen, aber
dann das Versäumte um so kräftiger nachgeholt. Eine
Flasche Champagner nach der anderen, ganz schlimm.
Es mußte Champagner sein, drunter hat er's nicht gemacht. Aber der hat ihn genauso schnell um die Ecke
gebracht, wie was andres – der und die Schwindsucht –
Er stockt. Schuldbewußter Blick auf Edmund

EDMUND *trockener Spott* Anscheinend stehen hier überall
nur Fettnäpfchen rum, wie?

TYRONE *bedrücktes Kopfnicken* Ja. *Rührender Versuch zur
Herzlichkeit* Wie wär's mit einer Partie Rommé,
Junge?

EDMUND Ja, gut.

TYRONE *mischt schwerfällig die Karten* Abschließen können wir doch nicht, bevor Jamie mit der letzten Straßenbahn eintrudelt. Oder sie verpaßt hat, was mir noch lieber wäre. Und hinaufgehen will ich auch nicht, wenigstens solang sie nicht schläft.

113

EDMUND Ich auch nicht.

TYRONE *mischt fahrig die Karten und vergißt das Ausgeben*
Also bloß nicht auf die Waagschale legen, was sie dann
von früher erzählt. Das Klavier und ihre Traumkarriere
als Konzertpianistin – lauter Flausen, die ihr die Kloster-
schwestern in den Kopf gesetzt haben. Sie hatte bei ihnen allen einen Stein im Brett, weil sie so fromm war.
Aber von der Welt haben sie keine Ahnung, die armen
Lämmer. Nicht ein vielversprechendes Talent unter tau-
send bringt es je zum Konzertpianisten. Das wußten die
natürlich nicht. Und deine Mutter hat zwar nicht
schlecht gespielt, aber das war noch lange keine Garan-
tie –

EDMUND *schroff* Warum gibst du nicht? Ich denke, wir
spielen.

TYRONE *verschätzt sich beim Geben im Abstand* Oder diese
Schnapsidee, sie sollte Nonne werden. Das war die
Höhe. Deine Mutter war eine Schönheit, wie du sie alle
heiligen Zeiten mal siehst. Das hat sie auch sehr gut gewußt. Schelmisch und kokett wie noch eine, der kleine
Fratz, bei all ihrer Schüchternheit und Scheu. Die und
der Welt entsagen? Dieser Ausbund an Lebenslust und
Gesundheit, der in die Liebe verliebte Schmetterling,
der sie danach war?

EDMUND Papa! Jetzt heb doch endlich die Karten auf.

TYRONE *nimmt sie. Mißmutig* Na gut. Mal sehen, was wir
da haben.
*Sie starren blind in ihre Karten. Dann fahren beide zu-
sammen. Tyrone flüstert.*
Horch!

EDMUND Sie kommt runter.

TYRONE *hastig* Wir spielen weiter. Wenn wir sie übersehen,
geht sie wieder hinauf.

EDMUND *schaut durch den Salon nach draußen. Erleichtert*
Nichts zu sehen. Sie muß auf der Treppe wieder umge-
kehrt sein.

TYRONE Gott sei Dank.

EDMUND Ja. In ihrem jetzigen Zustand, da ist sie fürchterlich. *Tief bedrückte Verbitterung* Die weiße Wand, hinter
der sie sich verschanzt, das trifft mich am meisten. Oder
vielmehr die Nebelbank, in der sie sich verbirgt und verirrt, Absichtlich, das ist das Furchtbare! Du weißt auch,
daß da eine Absicht dahintersteckt –, daß sie für uns un-
greifbar wird, daß sie uns los ist, daß es uns nicht mehr
geben soll! Ich glaube, sie liebt uns, aber sie haßt uns
auch!

TYRONE *sanfte Zurechtweisung* Nun mal langsam, Junge;
Das Gift in ihr, vielleicht, aber nicht sie selbst.

EDMUND *bitter* Aber dazu nimmt sie das Gift, Diesmal jedenfalls, das weiß ich! *Unvermittelt* Ich komm raus, ja?
Da. *Er spielt aus.*

TYRONE *automatisches Rückspiel, sanft vorwurfsvoll* Sie hat
sich zu Tod erschreckt über deine Krankheit, Junge,
ganz gleich, was sie sagt. Geh nicht zu hart mit ihr ins
Gericht. Sie weiß nicht, was sie tut. Wenn das Gift sie
einmal im Griff hat –

EDMUND *Sein Gesicht verhärtet sich. Mit bitterer Anklage im
Blick* Es hätte sie nie in den Griff bekommen dürfen!
Natürlich ist sie nicht schuld, so blöd bin ich auch nicht.
Aber ich kann dir sagen, wer schuld ist! Du nämlich!
Deine gottverfluchte Knauserei! Wenn du dir damals
einen anständigen Arzt für sie geleistet hättest, als sie
krank geworden ist nach ihrer Entbindung, wüßte sie bis
heute nicht, was Morphium ist! Statt dessen hast du sie
einem Hotelpfuscher ausgeliefert, der von nichts eine
Ahnung hatte und das nicht zugeben wollte und ihr deswegen das Erstbeste angedreht hat, was ihm einfiel! Wie
sie später damit zurechtkam, war dem doch gleich! Und
alles bloß, weil er billig war! Günstig, wie du das immer
nennst!

TYRONE *zornige Betroffenheit* Ruhe! Was fällt dir ein! Was
weißt du denn davon! *Kämpft um Beherrschung* Bedenk
doch mal auch meine Seite, Junge. Woher hätte ich denn
wissen sollen, daß er nichts taugt? Ich hatte nur gutes
über ihn gehört –

EDMUND Von den Schnapsleichen an der Hotelbar, wahrscheinlich.

TYRONE Gar nicht wahr! Den Hotelbesitzer hab' ich gefragt, wer seiner Meinung nach der beste –

EDMUND Und ihm dabei vom Armenhaus was vorgejammert, damit klar war, daß er möglichst wenig verlangen
soll! Ich kenn' doch deine Taktik, Und wie! Seit heute
nachmittag spätestens!

TYRONE *schuldbewußte Gegenwehr* Was soll das heißen,
heute nachmittag?

EDMUND Egal jetzt. Wir haben über Mama geredet. Und
da behaupte ich, trotz aller deiner Ausreden weißt du
sehr genau, daß nur dein Geiz dran schuld war –

TYRONE Und ich behaupte, daß du lügst! Und wenn du
jetzt nicht sofort –

EDMUND *überhört das* Und warum hast du sie nicht auf
eine Entziehungskur geschickt, gleich anfangs, als du
hinter ihre Morphiumsucht gekommen bist, solange die
Sache noch nicht aussichtslos war? Nein, das wäre ja
wieder eine Ausgabe gewesen! Statt dessen hast du ihr
eingeredet, da wette ich, mit ein klein wenig Willenskraft käme sie schon wieder weg davon! Und heimlich
glaubst du das noch immer, da können dir die Ärzte, die
es besser wissen, sagen, was sie wollen!

TYRONE Noch mal gelogen! Inzwischen weiß ich's besser!
Aber woher hätte ich es damals wissen sollen? Was Morphium bedeutet? Ich habe jahrelang nicht gemerkt, was
mit ihr los war. Ich glaubte eben, sie wäre über die
Krankheit noch nicht ganz hinweg und weiter nichts.
Und warum keine Entziehungskur, sagst du? *Bitter* Ja,
seit wann denn nicht, und ein halbes Vermögen dafür
ausgegeben? Alles umsonst. Was hat sie schon davon gehabt? Sie hat immer wieder angefangen.

EDMUND Ja, weil du ihr nie einen festen Halt geboten hast.
Woran hätte sie sich denn klammern können? An diesen
Ferienschuppen hier, der ihr zuwider ist? Und nicht mal
den hast du ihr halbwegs wohnlich eingerichtet, aus lau-

116

ter Sparsamkeit. Dafür hat Grundstück nach Grundstück her gemußt, von jedem Maklerfritzen, der dir was vom schnellen Geld vorschwindelt, läßt du dir die nächste Goldgrube andrehen, die nächste Silbermine! Auf jede Tournee hast du sie unerbittlich mitgeschleift, da konnte sie dann dasitzen, jeden Tag woanders, mit niemandem zum Reden und Nacht für Nacht warten, bis du nach der Sperrstunde vollgedudelt angetorkelt kamst! Und da fragst du dich noch, warum sie von dem Gift nicht runterwollte? Ich brauch nur dran zu denken, und mir wird schlecht vor lauter Haß auf dich!

TYRONE *mühsam* Edmund! *Dann wutentbrannt* Was fällt dir ein, du widerlicher Giftzwerg! Nach allem, was du deinem Vater zu verdanken hast!

EDMUND Dir zu verdanken habe? Da komm ich gleich noch drauf.

TYRONE *überhört das. Wieder schuldbewußt* Genau ihre Vorwürfe, wenn sie Gift genommen hat. Alles Unsinn, also bitte hör auf damit. Ich habe sie nicht mitgeschleift. Sicher wollte ich sie bei mir haben. Ich liebte sie doch. Und weil sie mich liebte und bei mir sein wollte, ist sie auch mitgefahren. So steht die Sache, ganz gleich, was sie sagt, wenn sie nicht bei sich ist. Und zum Reden gab's genug Leute unter den Kollegen, wenn sie gewollt hätte. Und außerdem die Kinder. Ich habe sogar für teures Geld extra noch ein Kindermädchen eingestellt, damit –

EDMUND *bitter* Ja, da hast du einmal nicht gespart, aus Eifersucht, damit sie sich nicht zuviel mit uns abgab und du uns vom Hals gehabt hast! Und auch das war falsch gedacht. Hätte sie sich alleine um mich kümmern müssen, dann hätte ihr die Verantwortung vielleicht dabei geholfen –

TYRONE *blind zurückschlagend* Ja, wenn du schon unbedingt danach gehen willst, was sie im Wahn daherredet: Wärst du nicht auf die Welt gekommen, dann hätte sie auch nie – *Bricht beschämt ab*

EDMUND *plötzlich matt und kläglich* Ja, ich weiß, daß sie so denkt.

TYRONE *reumütige Beteuerung* So denkt sie nicht! Sie liebt dich! Soviel du dir von einer Mutter wünschen kannst! Das ist mir grade nur so herausgerutscht. Du kannst einen aber auch ganz schön wütend machen mit deinen ewigen Reden, wie es früher war, wie du mich haßt –

EDMUND *matt* Das war nicht so gemeint, Papa. *Er lächelt plötzlich. Beschwipst spaßhaft* Es geht mir wie Mama. Ich mag dich eben doch, trotz allem.

TYRONE *lächelt beschwipst zurück* Könnte ich auch von dir sagen, Obwohl ich mit dir nicht grade das große Los gezogen habe. Naja: »Bescheide sich, wem Kleines nur gegeben« –
Sie lachen beide in echter, wenn auch nicht mehr ganz nüchterner Zuneigung vor sich hin. Tyrone wechselt das Thema.
Was ist mit unserem Spiel? Wer kommt raus?

EDMUND Na, du doch.
Tyrone spielt eine Karte aus, Edmund nimmt sie. Das Spiel gerät wieder in Vergessenheit.

TYRONE Du, nimm es nicht zu schwer, was du heute von den Ärzten erfahren hast. Sie haben mir alle zwei fest versprochen, wenn du dich im Sanatorium an die Anweisungen hältst, dann bist du in sechs Monaten wieder draußen, Ein Jahr höchstens.

EDMUND *verhärtetes Gesicht* Mach mir nichts weis. Das glaubst du selbst nicht.

TYRONE *übertrieben nachdrücklich* Natürlich glaub ich das! Doktor Hardy und der Lungenspezialist waren sich doch beide einig –

EDMUND Du glaubst, daß ich nicht mehr lange lebe.

TYRONE Das ist nicht wahr! Du spinnst!

EDMUND *wachsende Verbitterung* Wozu also gutes Geld verschwenden? Und deswegen willst du mich auch in eine Sozialklinik abschieben.

TYRONE *schuldbewußte Verwirrung* Sozialklinik? Du sollst

ins Hilltown-Sanatorium, wenn du das meinst, und nach Ansicht beider Ärzte ist das für dich das Beste.

EDMUND *schneidend* Für den Geldbeutel, heißt das, Weil's nichts kostet oder praktisch nichts. Lüg jetzt nicht, Papa! Du weißt sehr genau, daß das Hilltown vom Staat betrieben wird! Jamie hat gleich geahnt, daß du Doktor Hardy mit dem Bettelstab vor der Nase rumgefuchtelt hast, und hat's aus ihm herausgekitzelt.

TYRONE *wutentbrannt* Der versoffene Strolch, der! Ich schmeiß ihn raus, der bleibt mir nicht länger hier. Seit du laufen kannst, hetzt der dich gegen mich auf!

EDMUND Das mit der Sozialklinik stimmt. Das kannst du nicht leugnen.

TYRONE Es stimmt nicht. Nicht, wie du das meinst. Also gut, sie wird vom Staat betrieben. Aber seit wann ist das ein Nachteil? Der Staat kann sich eine weit bessere Ausstattung leisten als jedes Privatsanatorium. Und warum sollte ich mir das nicht zunutze machen? Ich habe ein Anrecht darauf – wie du auch. Wir sind Staatsbürger. Ich bin Hausbesitzer. Ich helfe, das Ding zu unterhalten. Die Steuern treiben mich noch in den Ruin.

EDMUND *bitter ironisch* Für eine Viertelmillion. Geschätzter Grundstückswert.

TYRONE Gar nicht wahr! Nichts als Hypotheken!

EDMUND Hardy und der andere Arzt, die wissen recht gut Bescheid über deine Verhältnisse. Was glaubst du, was die sich wohl gedacht haben bei deinem Armenhaus-Gejammere und dem Ansinnen, die Fürsorge sollte für mich aufkommen!

TYRONE Davon war nie die Rede. Sondern lediglich davon, daß ich mir keine Luxusklinik leisten könnte, als Opfer der Bodenspekulation. Und das stimmt auch.

EDMUND Woraufhin du dich im Club mit McGuire verabredet und dir die nächste Bruchbude hast aufschwatzen lassen! *Tyrone will widersprechen.* Lüg jetzt nicht! Wir haben McGuire nämlich in der Hotelbar getroffen, da kam er grade von dir. Jamie und ich haben ihn damit auf-

119

gezogen, was er dir jetzt wieder untergejubelt hätte, und
prompt hat er uns zugezwinkert und gefeixt.

TYRONE *dünne Ausflucht* Also, wenn der etwa behaupten
will –

EDMUND Lüg jetzt nicht! *Zunehmend heftig* Hör zu, Papa,
seit ich zur See gegangen bin und mich allein habe
durchschlagen müssen, weiß ich, wie schwer sie einen
hernehmen für ein paar Dollar. Und was es heißt, wenn
man pleite ist und Hunger hat und im Stadtpark auf
einer Bank schlafen muß, weil man sonst nirgends hin
kann. Und da habe ich mir vorgenommen, dir nicht immer nur Unrecht zu tun, und dir zugutezuhalten, was du
als Kind alles durchgemacht hast. Die Umstände beden-
ken, das muß man bei jedem in unserer Familie, sonst
wird man verrückt. Habe ich bei mir selber auch gemacht, oder ich wäre mit meinen eigenen Schweinereien
niemals klargekommen. Ich wollte mir wie Mama einreden, du könntest mit Geld eben nicht anders umgehen,
so wärst du nun mal. Aber was du dir da jetzt geleistet
hast, das geht zu weit! Da wird mir speiübel, wenn ich
nur dran denke! Nicht, weil du mich schweinisch behan-
delst. Darum geht's mir jetzt gar nicht. Ich bin mit dir
auch schon oft schweinemäßig umgesprungen. Aber daß
du es fertigbringst, auch bei der Behandlung von einem
schwindsüchtigen Sohn noch zu knausern. Öffentlich!
Oder meinst du, Hardy wird das nicht in der ganzen
Stadt herumtratschen? Sag mal, bist du dir für überhaupt nichts zu schade? *Wutausbruch* Aber glaub bloß
nicht, ich laß dir das durchgehen! Mich steckst du in
keine Fürsorgeanstalt, nur damit du die paar Kröten fürs
nächste Pleitegrundstück sparst. Du verstunkener alter
Geizkragen –! *Seine Stimme erstickt vor Zorn. Er wird
von einem Hustenanfall geschüttelt.*

TYRONE *hat sich vor der Attacke immer tiefer in den Sessel
verkrochen, eher reumütig und schuldbewußt als zornig.
Stammelt* Sei still! Sag so was nicht zu mir. Du bist betrunken. Ich hör dir nicht zu. Jetzt huste doch nicht so,

120

Junge. Du regst dich nur umsonst auf. Wer sagt denn, daß du in diese Hilltown-Klinik mußt? Du kannst hin, wo du willst. Ich pfeif drauf, was es kostet. Mir liegt nur daran, daß du wieder gesund wirst. Das macht mich doch noch nicht zum Geizkragen, wenn ich den Ärzten sage, daß ich mich nicht ausnehmen lasse wie eine Weihnachtsgans.

Edmunds Hustenanfall ist vorbei. Er sieht krank und schwach aus. Sein Vater mustert ihn erschrocken.

Du bist erschöpft, Junge. Komm, stärk dich.

EDMUND *greift gierig nach der Flasche und gießt sich sein Glas randvoll. Schwach* Danke. *Er schüttet den Whisky in sich hinein.*

TYRONE *gießt sich den Rest aus der Flasche ein, ein großes Glas voll, und trinkt es aus. Unbestimmt* Wer ist dran? *Dumpf, ohne Vorwurf* Ein verstunkener alter Geizkragen. Naja, vielleicht stimmt es doch. Obwohl ich mein Leben lang die Bar freigehalten oder den Schnorrern Geld in den Rachen geworfen habe, von dem ich wußte, das seh ich nie wieder – *Betrunkene Selbstverhöhnung* Aber natürlich nur in den Kneipen, wenn ich voll war. Wenn ich nüchtern im Wohnzimmer sitze, denke ich anders. Das hab ich daheim gelernt, was Geld wert ist und was Armut bedeutet. Und seither habe ich nie recht auf mein Glück vertraut. Immer nur die Angst, es könnte auf einmal alles wieder weg sein, und ich sitze mit nichts da. Je mehr du hast, desto sicherer fühlst du dich. Nicht ganz logisch vielleicht, aber so geht's mir eben. Banken gehen bankrott, und dann kannst du dein Geld in den Wind schreiben, aber mit Landbesitz hast du sicheren Boden unter den Füßen, glaubst du wenigstens. *Plötzlicher Wechsel zu verächtlicher Herablassung* Du willst wissen, was ich als Junge durchgemacht habe? Einen Dreck weißt du! Woher denn? Du hast immer alles gehabt – ein Kindermädchen, das Gymnasium, ein Studium –, auch wenn du nicht durchgehalten hast. Essen, Kleider, an nichts hat's gefehlt. Jaja, als Seemann hast

du mal eine Zeitlang zupacken und den Buckel krumm-
machen müssen, da bist du in der Welt herumgeflogen,
ohne Wohnung und abgebrannt, und das achte ich auch.
Aber es war trotzdem nur ein romantisches Abenteuer,
ein Spiel, nichts weiter.

EDMUND *trocken, sarkastisch* Ja, ganz besonders der
Selbstmordversuch in Venezuela. Ich hätt's ja auch fast
geschafft.

TYRONE Da hat es bei dir ausgehakt. Sonst wärst du nicht
mein Sohn. Du warst betrunken.

EDMUND Ich war stocknüchtern. Das war es ja gerade. Ich
hatte zu lange nachgedacht.

TYRONE *betrunkener Mißmut* Du mit deinem dekadenten,
atheistischen Zeug schon wieder. Das laß ich gar nicht an
mich ran. Was ich dir erklären wollte – *Verächtlich* Du
willst wissen, was Geld ist? Mein Vater ist durchge-
brannt, als ich zehn war, weil er in Irland sterben wollte,
und da hat's ihn dann auch tatsächlich erwischt. Recht
ist ihm geschehen, hoffentlich schmort er in der Hölle.
Er hat Rattengift geschluckt, weil er's für Mehl gehalten
hat oder für Zucker oder so was. Hinterher hat's geheißen, es wär kein Zufall gewesen. Nichts als Lügen. In
meiner Familie hat kein Mensch je –

EDMUND Es war kein Zufall, da wett ich.

TYRONE Du sollst nicht so dekadent daherreden! Das hat
dir dein Bruder in den Kopf gesetzt. Der hält immer den
schlimmsten Verdacht für die Wahrheit. Aber egal.
Meine Mutter jedenfalls hat verlassen in der Fremde da-
gesessen mit vier Kindern am Hals, mir und einer älteren Schwester und zwei jüngeren. Meine zwei älteren
Brüder waren fortgezogen. Die hatten auch nichts übrig
und mußten zusehen, wie sie sich selber über Wasser
hielten. An unserer Armut war nichts Romantisches,
das sag ich dir! Zweimal haben sie uns aus den Bruchbu-
den herausgeklagt, wo wir zu Hause waren, und unsere
klapprigen Möbel auf die Straße geschmissen, meine
Mutter und die zwei Schwestern haben nur noch ge-

heult. Und ich auch, soviel ich auch dagegen ankämpfte.
Ich war ja der Mann im Haus, Mit zehn! Von da an war
Schluß mit der Schule. Zwölf Stunden Arbeit in der
Werkstatt jeden Tag, Feilen machen— Ein dreckiger
Schuppen, in den es hineingeregnet hat, im Sommer ein
Backofen, im Winter keine Heizung, die Hände sind dir
taub geworden vor Kälte. Keine Beleuchtung, außer
durch die verschmierten Fenster, und wenn's draußen
trüb war, hast du dir die Feile vor die Augen halten müssen, damit du überhaupt was siehst! Du willst mir was
erzählen, wie sie dich hergenommen haben für ein paar
Dollar. Was meinst du, wieviel ich bekam? Fünfzig Cent
die Woche, Ob du's glaubst oder nicht, fünfzig Cent!
Und meine Mutter hat bei den Yankees gewaschen und
geputzt, die ältere Schwester hat genäht, und die zwei
jüngeren haben sich um den Haushalt gekümmert. Nie
hat es genug zum Anziehen und zum Essen gegeben. Ich
weiß noch, einmal an Neujahr, oder vielleicht war's
Weihnachten, wie meine Mutter an ihrem Putzplatz
einen Dollar geschenkt bekommen hat. Dafür hat sie
lauter Essen eingekauft. Und wie sie heimkam, hat sie
uns umarmt und geküßt und hat mit Freudentränen in
ihrem faltigen Gesicht gerufen: ›Gott sei Lob und Dank,
jetzt ist doch noch der Tag gekommen, wo wir uns alle
einmal sattessen können!‹ *Wischt sich die Tränen aus den
Augen* Eine wunderbare Frau, voller Tapferkeit und
Liebe, So tapfer und so lieb wie keine zweite.

EDMUND *bewegt* Ja, das muß sie gewesen sein.

TYRONE Bloß vor einem hat sie Angst gehabt: Daß sie alt
und krank wird und im Armenasyl endet. *Er stockt.*
Grimmiger Humor So bin ich zum Geizkragen geworden. Damals ist ein Dollar viel gewesen. Und wenn du
dir das einmal eingetrichtert hast, verlernst du's nicht
mehr so leicht, Hältst immer Ausschau nach günstigen
Gelegenheiten. Und wenn ich diese Sozialklinik für eine
günstige Gelegenheit gehalten habe, mußt du mir das
nachsehen. Die Ärzte haben wirklich gesagt, daß sie was

taugt. Das mußt du mir glauben. Und erst recht, daß ich dich nie gegen deinen Willen hinschicken wollte. *Laut* Du kannst hingehen, wo du willst! Pfeif drauf, was es kostet. Solange ich mir's leisten kann, solang's im Rahmen bleibt.

Bei der Einschränkung huscht ein Lächeln über Edmunds Gesicht. Sein Groll ist verflogen. Tyrone gesucht beiläufig, wie nebenher

Der Lungenspezialist hat mir übrigens noch ein anderes Sanatorium empfohlen. Hätte so gute Heilerfolge wie kaum ein zweites aufzuweisen. Eine Stiftung von vermögenden Fabrikbesitzern, hauptsächlich für ihre Arbeiter gedacht, aber du bist auch antragsberechtigt, weil du hier deinen festen Wohnsitz hast. Es steht ein Haufen Geld dahinter, also ist die Selbstbeteiligung gering. Sieben Dollar die Woche, aber die Leistungen sind zehnmal so viel wert. *Hastig* Ich will dich da zu nichts überreden, verstehst du? Du sollst nur wissen, was man mir gesagt hat.

EDMUND *unterdrückt ein Lächeln. Beiläufig* Ja, sicher doch, klingt tatsächlich günstig. Da möcht ich hin. Das wär damit also erledigt. *Plötzlich wieder in kläglicher Verzweiflung. Dumpf* Es kommt jetzt ja doch nicht mehr drauf an. Also, was soll's. *Wechselt das Thema* Na, was ist? Wer kommt raus?

TYRONE *automatisch* Weiß ich nicht. Ich, glaub ich. Nein, du.

Edmund spielt eine Karte. Tyrone nimmt sie. Er will ausspielen, vergißt es aber.

Ja, vielleicht hat die Lektion zu tief gesessen, denn am Ende habe ich vom Geld zuviel gehalten und mir eine große Schauspielerkarriere damit kaputtgemacht. Das habe ich noch niemandem gestanden, Junge, aber heute abend bin ich so niedergeschlagen und am Ende, was soll ich mich besser machen, als ich bin. Dieses gottverfluchte Stück, das mich einen Pappenstiel gekostet hat, und das durch mich zum Renner wurde, das war das

124

große, leichte Geld für mich – und zugleich mein Ruin. Ich wollte nichts mehr anderes annehmen, und bis ich merkte, daß das eine Einbahnstraße war, und was andres spielen wollte, war es zu spät. Für das Publikum war ich mit meiner Rolle eins geworden, sie wollten mich nur noch darin sehen. Und sie hatten recht damit! Mit meinem großen Talent war es vorbei, ich mußte nie mehr was neues lernen, nie mehr wirklich arbeiten, und schließlich konnte ich's nicht mehr. Aber die Versuchung war zu groß! Fünfunddreißig bis vierzigtausend netto pro Spielzeit, die mir einfach in den Schoß gefallen sind! Ich hab' da nicht widerstehen können. Vorher, bevor ich mich einließ auf dieses Elendsstück, da hatte ich noch als einer der drei oder vier meistversprechendsten Nachwuchsschauspieler von ganz Amerika gegolten. Ich arbeitete wie ein Besessener an mir. Ich habe meine feste Stelle als Maschinenschlosser hingeschmissen und Statistenrollen gespielt aus lauter Liebe zum Theater. Mein Ehrgeiz kannte keine Grenzen. Ich las alle Stücke, an die ich kommen konnte. Ich ackerte Shakespeare durch wie ein Novize die Bibel. Ich war heißhungrig auf jede Art von Bildung. Meinen irischen Akzent hättest du vorher mit dem Messer schneiden können. Ich hab' ihn mir ausgetrieben. Und immer wieder Shakespeare. Ich hätte in jedem seiner Stücke umsonst gespielt, nur um aufzuleben in dieser großen Dichtersprache. Und ich spielte ihn gut! Er war wie eine Inspiration für mich. Ich hätte es als Shakespeare-Darsteller weit gebracht, wenn ich drangeblieben wäre. Ich sag' das nicht nur so! 1874 kam Edwin Booth als Gast an das Theater in Chicago, wo ich für die Titelrollen engagiert war. Wir wechselten einander jeden Abend ab, einmal er als Brutus, ich als Cassius, dann er als Cassius und ich als Brutus, dann ich als Othello und er als Jago, und so weiter. Und nach meiner ersten Othello-Vorstellung hat er zu dem Theaterdirektor gesagt: ›So gut wie dieser junge Mann habe ich die Rolle nie gespielt!‹ *Stolz* Das aus dem Mund von Booth, dem größten Schauspieler seiner Zeit, wenn nicht aller Zeiten! Und das Lob hatte ich auch verdient! Ich, ein Siebenundzwanzigjähriger! Die Vorstellung ist der Gipfel meiner Laufbahn gewesen, so viel weiß ich jetzt im Nachhinein. Ich hatte das Leben genau dort, wo ich es haben wollte. Und eine Zeitlang konnte ich mich auch oben halten. Ich heiratete deine Mutter. Frag sie, was ich damals war! Ihre Liebe hat meinen Ehrgeiz noch beflügelt. Aber dann, ein paar Jahre danach, habe ich meinen Glücks- und Unglückstreffer gelandet. Das habe ich mir anfangs gar nicht klargemacht. Ich sah darin nur eine große romantische Heldenrolle, die ich besser spielte als irgendwer sonst. Aber dann wurde schnell der große Kassenschlager draus –, und da hatte das Leben mich dann, wo es mich haben wollte. Fünfunddreißig bis vierzigtausend netto pro Spielzeit! Das war damals ein Vermögen, ist es immer noch. *Bitter* Was ich mir damals bloß dafür kaufen wollte? Was war mir denn mehr wert, als –? Naja, inzwischen ist's ja gleich. Was vorbei ist, ist vorbei. *Er schaut flüchtig in die Karten.* Mein Spiel, oder?

EDMUND *bewegter, verständnisvoller Blick auf den Vater. Langsam* Ich bin froh, daß du mir das gesagt hast, Papa. Jetzt kenne ich dich besser.

TYRONE *ungenaues, schiefes Lächeln* Vielleicht hätte ich dir's lieber nicht erzählen sollen. Kann sein, du verachtest mich jetzt noch mehr als vorher. Und vom Wert des Geldes wird's dich auch nicht grade überzeugen. *Der Satz löst eine automatische Assoziation in ihm aus. Er schaut mißbilligend zum Leuchter hinauf.* Die vielen Lichter blenden mich. Stört's dich, wenn ich sie herausdrehe? Wir brauchen sie ja nicht, und dem E-Werk noch mehr in den Rachen werfen, hat auch keinen Sinn.

EDMUND *unterdrückt einen Lachanfall. Freundlich* Nein, gar nicht, dreh sie nur raus.

TYRONE *erhebt sich schwerfällig und etwas schwankend und greift unsicher nach den Lichtern. Der vorige Gedanke*

kommt ihm wieder in den Sinn. Nein, ich komm' nicht
drauf, was ich mir dafür kaufen wollte. *Eine Birne geht
aus.* Und das ist jetzt die reine Wahrheit, Edmund: Den
letzten Fußbreit Grundbesitz, den letzten Pfennig auf
der Bank gäbe ich dafür – *Die zweite Birne erlischt.* Das
Armenhaus nähm' ich dafür in Kauf, auf meine alten
Tage, wenn ich mir sagen könnte: Du bist der große
Schauspieler geworden, der in dir steckte.
*Er dreht die dritte und letzte Birne heraus. Nur die Lese-
lampe brennt noch. Er läßt sich schwer in den Sessel zurückfallen. Edmund kann sich nicht mehr beherrschen
und bricht in japsendes, ironisches Gelächter aus. Tyrone
ist beleidigt.*
Was gibt's denn da zu lachen?

EDMUND Ich lache ja nicht über dich, Papa, sondern über
das Leben allgemein. Ein Irrenhaus.

TYRONE *murrt* Ach was, dein dekadenter Unsinn wieder
mal. Das Leben ist schon richtig, wie es ist. Wenn wir
nicht – *Rezitiert* »Nicht an den Sternen fehlt es, lieber
Brutus, sondern an uns, daß wir nur Kriecher sind.« *Er
schweigt. Dann traurig* Mein Othello, von Edwin
Booth gelobt. Ich hab's mir von dem Theaterdirektor
schriftlich geben lassen. Den Zettel hab' ich noch jahrelang in der Brieftasche mit mir herumgetragen. Immer
wieder habe ich mich daran aufgebaut, aber zum Schluß
hat er mich so deprimiert, daß ich ihn nicht mehr
sehen konnte. Wo er wohl hingeraten ist? Im Haus muß
er noch sein. Ich hab' ihn sorgfältig irgendwo wegge-
steckt –

EDMUND *ironisch gebrochene Trauer in der Stimme* Vielleicht in einem alten Schrankkoffer auf dem Dachboden,
neben Mutters Brautkleid. *Bemerkt den starren Blick
seines Vaters* Ja, spielen wir jetzt eigentlich oder nicht?
*Er nimmt die von Tyrone abgelegte Karte und spielt aus.
Eine Zeitlang wird die Partie wie von zwei Schachauto-
maten fortgeführt. Tyrone unterbricht sie plötzlich und
horcht auf ein Geräusch von oben.*

TYRONE Sie läuft immer noch herum. Wann legt sie sich
nur endlich hin?

EDMUND *eindringlicher Appell* Nicht dran denken jetzt,
Papa!

*Er greift zur Flasche und gießt sich ein. Tyrone will wider-
sprechen und läßt es dann. Edmund trinkt. Er stellt das
Glas ab. Sein Gesichtsausdruck verändert sich, als wollte
er jetzt seiner Benebelung nachgeben und die Betrunkenheit als Maske benutzen.*

Da trapst sie also oben hin und her und geistert als Gespenst durch die Vergangenheit. Und wir, wir sitzen hier
und wollen nicht dran denken und lauschen dabei doch
auf jeden Laut. Der Nebel tropft von der Traufe, unstet,
wie das Ticken einer abgelaufenen, kaputten Uhr – oder
wie die jämmerlichen Tränen einer alten Hure, die sich
in ihrem Tingeltangel in einer Lache aus schalem Bier
ausweint. *Er lacht in beschwipstem Selbstlob.* Nicht
schlecht, was? Eigenbau, kein Baudelaire. Mir fällt eben
auch was ein! Das mußt du mir lassen. *Betrunkene Red-
seligkeit* Aber die Glanznummern aus deiner Lebens-
beichte vorhin waren auch nicht ohne. Willst du ein paar
von mir hören? Sie drehen sich alle um das Meer. Paß
auf. Ich hatte auf der Squarehead angeheuert, einem
Dreimaster, Bestimmungsort Buenos Aires. Die Roß-
breiten, der alte Kahn lief vierzehn Knoten. Vollmond.
Ich lag im Bugsprit, das Wasser zischte schaumig unter
mir weg, vor mir achteraus turmhoch die Masten mit
vollen Segeln im weißen Licht. Und ich betrank mich an
dieser Schönheit und diesem Wechselgesang und verlor
mich, einen Augenblick lang, mich und meine Geschichte – und war frei! Ich löste mich auf und wurde
zum Meer, zu den weißen Segeln und der wehenden
Gischt, wurde selber Schönheit und Wechselgesang,
wurde Mond und Schiff und sternübersäter Himmel. Ich
war ohne Vergangenheit oder Zukunft, aufgenommen
in den Frieden, das Einssein, und in eine unbändige
Freude, in etwas Größeres als mein eigenes kleines

Geschick, oder Menschengeschick überhaupt, ins Leben selbst! Oder ich könnte auch sagen, in Gott. Und ein andermal, auf der Transozean-Linie. Da hielt ich im Morgengrauen Wache im Mastkorb. Die See war ruhig auf dieser Fahrt, das Schiff schlingerte gemächlich unter einer gelassen atmenden Dünung. Die Passagiere schliefen, die Mannschaft war unter Deck. Kein menschlicher Laut war zu hören. Unter mir wehte schwarzer Rauch aus den Schloten nach hinten weg. Ich hielt nicht Ausschau, sondern sinnierte vor mich hin, fühlte mich allein, erhoben und abgetrennt und sah die Dämmerung wie einen gemalten Traum heraufsteigen über das Meer und den Himmel in ihrem gemeinsamen Schlaf. Und plötzlich der Augenblick einer unerhörten Freiheit. Die Ruhe, das Ende der Irrfahrt, das letzte Vor-Anker-Gehen, das schiere Glück einer Erfüllung, die alle schäbigen, jämmerlichen, gierigen, menschlichen Ängste und Hoffnungen und Wunschbilder übersteigt. Und immer wieder habe ich diese Erfahrung gemacht, wenn ich mich weit hinaustreiben ließ oder am Strand lag. Ich wurde zur Sonne, zum gleißenden Sand, zum Tang am Felsblock, der sich in der Strömung wiegt. Wie ein Heiliger, der die Glückseligkeit erschaut, als hätte eine unsichtbare Hand den Schleier des nur Scheinbaren gelüftet. Und dann gehen dir einen Augenblick lang die Augen auf –, du siehst das Geheimnis und bist es. Du siehst den Sinn. Aber dann läßt die Hand den Schleier wieder fallen, und du stehst wie vorher allein da, im Nebel verloren, und stolperst weiter, ohne Wohin und Wozu. *Unfrohes Lächeln* Ein schwerer Fehler, mich als Mensch auf die Welt kommen zu lassen. Als Möwe oder als Fisch hätte ich es weiter gebracht. So bin ich immer nur ein Fremder ohne Heimat, einer, der nichts will und von niemand gewollt wird, der nicht dazugehört, der nicht ablassen kann von seiner kleinen Liebe zum Tod.

TYRONE *staunender Blick, beeindruckt* Ja, in dir steckt wirklich ein Dichter. *Befremdete Widerrede* Voller dekadenter Verrücktheiten. Nicht gewollt werden! Liebe zum Tod!

EDMUND *spöttisch* Ja, vielleicht steckt er in mir. Er kommt nur nie recht zum Vorschein. Wie ein Raucher, der ewig nur Zigaretten schnorrt. Und in dem steckt vielleicht gar nichts, außer einer schlechten Gewohnheit. Aus dem, was ich dir da erzählt habe, wird nie etwas Ernsthaftes werden. Ein Gestammel. Mehr werde ich nie zuwege bringen, solange ich lebe. Oder so kurz. Naja, auch eine Art von Realismus, wenigstens. Wir Nebelmenschen kennen keine andere Redeweise als das Stammeln.

Schweigen. Vor dem Haus hört man jemand über die Eingangstreppe stolpern und hinfallen. Beide fahren erschreckt hoch. Edmund lacht spöttisch.

Hört sich ganz wie der Verlorene Sohn an. Muß ja schwer einen sitzen haben.

TYRONE *finster* Der Strolch! Er hat also doch noch die letzte Tram erwischt. Mein Pech. *Er stemmt sich aus dem Sessel.* Schau, daß du ihn ins Bett kriegst, Edmund. Ich geh' solang auf die Veranda. Ich verlier' sonst bloß die Beherrschung, wenn der in seinem Suff wieder mal sein Gift verspritzt.

Er geht durch die Tür auf die Seitenveranda. Die Haustür kracht hinter Jamie ins Schloß. Edmund schaut amüsiert zu, wie Jamie durch den Salon näherschwankt und dann eintritt. Er ist schwer betrunken und unsicher auf den Beinen: glasiger Blick, verschwollenes Gesicht, holprige Rede, der Mund schlaff wie der von Tyrone und höhnisch verzogen.

JAMIE *bleibt schwankend und blinzelnd in der Tür stehen. Laut* Heda! Heda!

EDMUND *scharf* Mach keinen Krach hier!

JAMIE *schaut blinzelnd in seine Richtung* Hallo, Kleiner. *Sehr ernsthaft* Ich bin besoffen wie ein Dutzend Schweine.

EDMUND *trocken* Danke für diese interessante Neuigkeit.

JAMIE *albernes Lächeln* Tschá. Heißeste Meldung des Tages, wie? *Er bückt sich und klopft sich die Knie sauber.* Schwerer Überfall grade vorhin. Die Treppe wollte mich zusammenschlagen. Hat mir im Nebel aufgelauert. Wir brauchen einen Leuchtturm im Garten. Hier drin ist's ja genauso finster. Bin ich in der Leichenhalle, oder wo? Die Sache wollnwä gleich mal näher beleuchten. *Er kommt schwankend zum Tisch und deklamiert dabei eine Kipling-Ballade.*

»Durch die Furt, durch die Furt hinter Kabul,
   Durch die Furt hinter Kabul bei Nacht,
   Halt fest am Seil, denn es führt dich
   Durch die Furt hinter Kabul bei Nacht.«

Er grapscht nach dem Leuchter. Nach ein paar Anläufen bringt er die Birnen wieder zum Brennen

Schon besser. Der alte Geizkragen kann mir den Buckel runterrutschen. Wo isn der Pfennigfuchser?

EDMUND Draußen auf der Veranda.

JAMIE Und wir soll'n solang rumsitzen wie in den Malabar-Höhlen, was? Nich mit mir. *Sein Blick fällt auf die Whiskyflasche.* He! Ich bin wohl schon im Säuferwahn? *Er grapscht fahrig nach der Flasche.* Die issja gar keine Einbildung! Was hat denn den Alten heute gepackt? Die Gehirnverknöcherung, daß er die hat stehen lassen? Immer die Gelegenheit beim Schopf ergreifen, sag ich. Mein großes Erfolgsrezept. *Er schüttet sich ein großes Glas voll.*

EDMUND Du bist jetzt schon hinüber. Der haut dich endgültig um.

JAMIE Kinder und Narren. Verschon mich bloß mit deinen Weisheiten. Bist ja selber noch nicht trocken hinter den Ohren. *Er läßt sich vorsichtig, um nichts zu verschütten, in den Sessel nieder.*

EDMUND Na schön. Meinetwegen kippst du um.

JAMIE Das isscs ja. Ich hab genug zum Kentern geladen, aber ich kipp nicht. Aber was nich is, kann noch werden. *Er trinkt.*

EDMUND Schieb die Flasche rüber. Ich trink auch was.

JAMIE *plötzliche brüderliche Sorge. Reißt die Flasche an sich* O nein, Nicht, solang ich hier bin. Denk dran, was der Doktor gesagt hat. Wenn sich kein andrer drum schert, ob du draufgehst, ich schon. Der Herr jüngerer Bruder. Ich mag dich nämlich, Kleiner. Sonst ist alles den Bach runter. Ich hab nur noch dich. *Zieht die Flasche näher an sich* Also kein Schnaps, Nur über meine Leiche. *Er ist aufrichtig in seiner betrunkenen Rührseligkeit.*

EDMUND *gereizt* Los, mach kein Theater.

JAMIE *verletzt. Verhärtetes Gesicht* Du meinst, mir bist du auch schnuppe, was? Alles nur besoffenes Gewäsch. *Er schiebt die Flasche hinüber.* Na gut. Dann bring dich eben um.

EDMUND *bemerkt seine Betroffenheit. Liebevoll* Nein, ich bin dir nicht schnuppe, Jamie. Ich hör ja auch auf damit, Aber nicht heute abend. Da ist zuviel auf mich heruntergerasselt. *Er schenkt sich ein.* Also dann. *Er trinkt.*

JAMIE *für den Moment ernüchtert. Mitleidiger Blick* Ich weiß, Kleiner. Der Tag war schlimm für dich. *Höhnischer Zynismus* Väterchen Geizhals hat dich bestimmt nicht vom Schnaps abgehalten, da wett ich was. Der gibt dir noch eine Kiste mit in seine Sozialstation für Hungerleider, du wirst sehen. Je schneller du abkratzt, desto kleiner die Ausgaben. *Mit Haß und Verachtung* Sauberer Vater! Der Dreckskerl. Kein Mensch nähme dir den ab in einem Roman.

EDMUND *verteidigt ihn* Ach, er geht schon, wenn man sich die Mühe macht, ihn zu verstehen und mit ein bißchen Sinn für Humor.

JAMIE *zynisch* Ach so, er hat mal wieder die alte Jammerplatte aufgelegt, stimmt's? Dich kriegt er ja immer noch rum damit, Mich nicht, Im Leben nicht mehr. *Zögernd* Für eins kann er mir trotzdem leid tun, was nämlich jetzt auf ihn zukommt. Aber das hat er sich an den fünf Fingern ausrechnen können. Selber schuld. *Hastig* Mir ist

das gleich. *Er greift nach der Flasche und gießt sich ein.
Wieder ganz betrunken* Der von vorhin haut ganz schön
rein. Und der hier schafft mich. Weiß der alte Geizhals,
was ich Hardy aus der Nase gezogen habe? Daß das Sanatorium ein Fürsorgeladen ist?

EDMUND *zögernd* Ja. Ich hab ihm gesagt, daß ich da nicht
reingeh. Er war einverstanden. Ich kann hin, wo ich will,
hat er gesagt, *Freimütiges Lächeln* Solang's im Rahmen
bleibt, natürlich.

JAMIE *betrunkene Nachäffung* Aber natürlich, mein Junge.
Solang ich mir's leisten kann, solang's im Rahmen
bleibt. *Höhnisch* Also die nächste, billige Kiste. Für den
›Geizigen‹ bräuchte der keine langen Proben.

EDMUND *gereizt* Ach, hör doch auf. Dein ›Geiziger‹ hängt
mir auch schon zum Hals raus.

JAMIE *zuckt die Achseln. Schwerfällig* Du läßt es ihm also
durchgehen? Also gut, wie du willst. Dein Begräbnis,
nicht meins. Hoffentlich noch lang nicht, mein ich.

EDMUND *Themawechsel* Wo hast'n dich rumgetrieben in
der Stadt? Bei Mamie Burns?

JAMIE *heftiges, betrunkenes Kopfnicken* Aber sicher. Ich
hab doch angemessene weibliche Begleitung gebraucht.
Und Liebe, Vor allem Liebe. Was ist der Mann ohne das
liebende Frauchen? Eine hohle Nuß ohne Kern.

EDMUND *kichert beschwipst. Er wehrt sich jetzt nicht mehr
gegen die Betrunkenheit.* Alter Spinner.

JAMIE *rezitiert lauthals Oscar Wildes ›Harlot House‹*
    »Da sprach ich zu der Liebsten mein:
    ›Schau hin, Gebein tanzt mit Gebein,
    Staub wirbelt dort in Staubes Wüste.‹

    Doch sie, sie lauschte den Schalmein
    Und ließ mich stehen und ging hinein:
    Die Liebe trat ins Haus der Lüste.

    Da plötzlich klang die Geige schrill,
    Die Tänzer, müde der Quadrille...«
Er bricht ab, schwerfällig.

Stimmt nicht ganz. Keine Liebste weit und breit, höchstens als Gespenst. *Er schweigt.* Und Gebein trifft's auch nicht ganz. Rat mal, welches liebende Frauchen ich mir bei Mamie Burns an Land gezogen habe. Jetzt lachst du gleich. Die Dicke Ilona.

EDMUND *lacht betrunken* Ehrlich? Ganz schön was an der Angel. Drei Zentner mindestens. Aber warum, aus Jux?

JAMIE Ohne Jux, ganz im Ernst. Ich bin schon unterwegs vor Mitleid zerflossen über mich und alle sonstigen verkrachten Existenzen. Da brauchte ich einen großen Mammibusen, um mich dran auszuweinen. Du kennst das ja, wenn Johnny Walker kommt und dir das Lied von damals vorspielt. Und dann, kaum war ich in dem Schuppen, hat Mamie Burns mir ihr Leid geklagt. Wie lausig das Geschäft ginge, und daß sie die Dicke Ilona vor die Tür setzen wollte. Bei den Kunden käme die Lo nicht mehr an. Sie wär nur noch fürs Klavier gut. Aber jetzt hinge sie auch noch an der Flasche und sei meistens zu blau zum Spielen und fräße ihr dabei die Haare vom Kopf, und zwar hätte sie die Lo ganz gern, die alte Spaßnudel, und sie täte ihr auch leid, weil die bestimmt nichts anderes mehr fände, aber sie müßte auch aufs Geschäft achten, und sie wär nun mal kein Pflegeheim für ausrangierte Nutten. Naja, und da tat mir die Dicke Lo eben leid, und ich hab zwei Dollar verpulvert und bin mit ihr hinaufgegangen, ohne jede zweifelhafte Absicht. Ich mag sie fett, aber so fett auch wieder nicht. Ich wollte ihr nur mein Herz ausschütten über den großen Jammer auf der Welt.

EDMUND *kichert betrunken* Arme Lo! Und dann hast du ihr Kipling und Swinburne und Dowson vorrezitiert, und der Kehrreim war: »Auf meine Art, Cynara, hab Treu ich dir gehalten«.

JAMIE *fahriges Lächeln* Na klar – und Johnny Walker hat die Begleitung dazu gespielt. Sie hat's eine Weile über sich ergehen lassen. Aber dann ist sie stocksauer gewor-

den. Ich wär nur mit ihr gekommen, um sie hochzuneh-
men, hat sie gezetert. So gut wie ein besoffenes Lese-
buch auf zwei Beinen wär sie schon lange. Und dann hat
sie zu heulen angefangen. Also hab ich zu ihr sagen müssen, wie gut sie mir gefiele, weil sie schön dick wär, und
das wollte sie nicht glauben, und ich bin dageblieben,
um sie zu überzeugen, und da hat sie wieder gelacht und
mich geküßt zum Abschied und gesagt, sie hätte sich in
mich verknallt, und drunten in der Halle haben wir noch
ein bißchen gemeinsam geheult, und alles war in Butter,
außer daß Mamie Burns dachte, ich hätte mich um den
Verstand gesoffen.

EDMUND *rezitiert höhnisch*

>Dieb, Prolet,
Kokotte, wie oft seid ihr bereit, mir zu verleihen
Die Freuden, davon die dumpfe Herde nichts ver-
steht.«

JAMIE *betrunkenes Nicken* Aber genau! Sogar 'n Mordsspaß! Du hättest mitkommen sollen, Kleiner. Mamie
Burns hat auch gleich nach dir gefragt. War richtig erschrocken über deine Krankheit, **O**hne Getue. *Er
stockt. Dann betrunkene Komik, Bühnenton* Der Abend
hat mir die Aussicht auf eine glänzende Karriere eröff-
net, mein Junge! Mir fällt es zu, die Schauspielkunst
dem Wesen zurückzureichen, das sie am reinsten verkör-
pert: dem dressierten Seehund! In der natürlichen An-
wendung meiner Gaben erklimme ich den Gipfel des
Ruhms: mit der Begattung der Riesendame im Zirkus
Sarassani!
*Edmund lacht. Jamies Ton wechselt zu höhnischer Arro-
ganz.*
Mußt du dir mal vorstellen. Ich mit diesem Schwabbel-
kloß in einem Provinzpuff! Ich! Und vor mir haben
einmal die schärfsten Hasen vom Broadway Männchen
gemacht! *Er deklamiert aus Kiplings ›Sestina of the
Tramp-Royal‹.*

»Ich sag's euch, ich hab sie alle abgetippelt,
Die Straßen in das Glück auf dieser Welt –«

Betrunken melancholisch
Paßt auch nicht ganz. Die Straßen in das Glück –
Quatsch, Ins Kaputtgehen schon eher, Auf dem schnell-
sten Weg ins Nirgendwo. Da bin ich nämlich inzwischen,
im Nirgendwo. Da landen alle zum Schluß, auch wenn
sie zu fein sind, es zuzugeben.

EDMUND *verächtlich* Hör doch auf, Mensch. Gleich fängst
du an zu heulen.

JAMIE *fährt auf. Schneller, haßerfüllter Blick. Holprig* Werd
bloß nicht frech, verdammt! *Tonwechsel* Aber recht haste
doch. Was soll'n das Nachgejammere? Die dicke Ilona
war schon richtig. Hab sie aus ihrem Kater rausgeholt.
Tätige Nächstenliebe heißt so was. Mordsspaß gehabt.
Du hättest mitkommen sollen, Kleiner. Hätt' dich auch
aufgerichtet, Statt hier zu sitzen und zu brüten. Kannste
ja doch nichts ändern! Schluß, aus, vorbei! *Er stockt, der
Kopf sinkt ihm tiefer, die Augen fallen ihm zu. Dann
schaut er mit hartem Blick auf und rezitiert höhnisch.*

»Und hängt ihr mich auch noch so hoch,
O Mutter, liebste Mutter mein,
Die eine Liebe bleibt mir doch...«

EDMUND *heftig* Halt's Maul!

JAMIE *mitleidsloser, höhnischer Haß* Wo isn die Giftdros-
sel? Schon eingeduselt?

*Edmund zuckt wie unter einem Schlag zusammen. Ange-
spanntes Schweigen. Edmund wirkt verfallen und krank.
Er springt wütend vom Sessel auf.*

EDMUND Du Schwein!

*Er versetzt Jamie einen Fausthieb, der seitlich an der
Wange abgleitet. Jamie erhebt sich zuerst halb aus dem
Sessel, um sich dem Kampf zu stellen. Dann kommt ihm
mit einem Schock zum Bewußtsein, was er gesagt hat,
und er läßt sich schlaff zurückfallen.*

JAMIE *kläglich* Okay, Kleiner. Hab nichts anderes verdient. Ich rede alles Mögliche im Suff. Du kennst mich
ja.

EDMUND *abflauender Zorn* Also gut, das hättest du sonst

nicht gesagt. Aber wenn du vielleicht meinst, der Suff entschuldigt alles –! *Er stockt. Kläglich* Ich wollte dich nicht schlagen. Was ist denn los? Sonst kommen wir uns doch auch nicht derart in die Haare. *Er läßt sich in den Sessel zurückfallen.*

JAMIE *belegte Stimme* Macht nichts. War richtig so. Meine Dreckschleuder. Könnt' sie mir ausreißen manchmal. *Legt das Gesicht in die Hände. Dumpf* Ich bin bloß vollständig down, daran liegt's. Denn diesmal, da hat sie mich wirklich drangekriegt. Da hab' ich's ihr nämlich abgenommen, daß sie aufhört. Ich hoffe immer nur das Schlimmste, sagt sie von mir, aber diesmal ist es das Beste gewesen. *Schwankende Stimme* Und das kann ich ihr nicht verzeihen, glaube ich, nicht so schnell. Es wäre mir soviel dran gelegen. Ich hab' gedacht, wenn sie es schafft, dann schaff ich's vielleicht auch. *Er schluchzt – herzzerreißend, weil nicht beschwipst rührselig, sondern wie nüchtern.*

EDMUND *kämpft gleichfalls mit den Tränen* Ich kenn' das doch auch! Hör auf jetzt, Jamie!

JAMIE *nimmt sich zusammen* Ich weiß ja schon viel länger als du über Mama Bescheid. Ich weiß noch, wie ich ihr draufgekommen bin. Sie hatte grade die Spritze angesetzt. Und ich hatte immer gedacht, fixen, das gäb's nur bei den Nutten! *Er schweigt.* Und jetzt kommst du mir noch mit deiner Schwindsucht an. Das hat mir den Rest gegeben. Wir sind immer mehr als bloß Brüder gewesen. Ich hab' nie einen Kumpel außer dir gehabt. Ich mag dich nämlich, Kleiner. Für dich tät' ich alles.

EDMUND *ergreift seinen Arm* Ich weiß, Jamie.

JAMIE *hat aufgehört zu weinen und nimmt die Hände vom Gesicht. Sonderbar bitter* Ich weiß noch was andres. Du hast dir von Mama und dem Alten eben doch einreden lassen, daß ich immer nur das Schlimmste hoffe. Und jetzt denkst du, daß ich mir überlege, Papa wird alt, der macht es nicht mehr lang, und für den Fall, daß du stirbst, gehört alles Mama und mir, und daß ich infolgedessen nur drauf warte –

EDMUND *empört* So ein ausgemachter Blödsinn! Wo hast du denn die Schnapsidee her? *Anklagender Blick* Ja, das möchte ich jetzt wissen, wie du darauf kommst?

JAMIE *verwirrt, wieder ganz betrunken* Stell dich nicht blöder, als du bist. Was ich dir gesagt habe. Wenn einem ewig was unterstellt wird, kann man zum Schluß eben nicht mehr anders – *Betrunkener Zorn* Was willst du eigentlich, mir Vorwürfe machen? Spiel dich bloß nicht auf hier! Ich kenn das Leben zehnmal besser als du! Bloß weil du einen Haufen schlauer Bücher gelesen hast, wickelst du mich noch lang nicht ein! Wachs erst mal aus deinen Windeln raus! Pappis Liebling und Mammis Schnuckilein! Der große Hoffnungsstrahl am Familienhimmel! Auf was bildest du dir eigentlich so viel ein? Auf die paar Gedichte in diesem Käseblatt? Mensch, da waren meine Sachen im Uni-Magazin noch besser! Komm zu dir, Mann! Deswegen steht die Welt noch lange nicht Kopf! Bloß weil dich ein paar Provinztanten als Genie anhimmeln –

Edmund hat sich abgewandt und wegzuhören versucht. Jamie plötzlich reumütig und voller Selbstekel

He, Kleiner, gib nichts drauf. Schreib's ab. Du weißt, ich mein's nicht so. Ich bin stolz drauf, daß du endlich auf den Trichter gekommen bist. *Betrunkenes Auftrumpfen* Ja, stolz. Ich denk da ganz egoistisch, weißt du. Wirft ein gutes Licht auf mich. Schließlich hab ich hauptsächlich für deine Erziehung gesorgt. Hab dir Bescheid gestoßen über die Weiber, damit du nicht auf sie reinfällst und die Fehler von den übrigen Blödmännern nachmachst. Und wer hat dich auf deine Dichter gebracht? Auf Swinburne zum Beispiel? Ich! Und weil ich früher auch mal schreiben wollte, hab ich dich zum Dichten angestiftet. Du bist wirklich mehr als mein Bruder. Ich hab dich zu dem gemacht, was du bist! Du bist mein Frankenstein!

Das alles im Ton betrunkener Überheblichkeit. Edmund lächelt amüsiert vor sich hin.

EDMUND Also gut, ich bin dein Frankenstein. Und jetzt trinken wir einen. *Er lacht.* Du alter Spinner!

JAMIE *schwerfällig* Ich trink einen. Du nicht. Ich muß schließlich auf dich aufpassen. *Er greift nach Edmunds Hand. Albernes, von Fürsorge überfließendes Lächeln* Und keine Bange vor dem blöden Sanatorium. Das machst du doch mit links, Mensch. In sechs Monaten stehst du da wie 'ne Eins. Is wahrscheinlich gar keine Schwindsucht. Die Ärzte sind alle bloß Aufschneider. Mir haben sie vor ein paar Jahren schon gesagt, wenn ich nicht mit dem Schnaps aufhör, geh ich drauf – na, und was is? Nichts wie lauter Schwindler, alle bloß auf die Kohle aus. Und hinter der Sozialklinik steckt bestimmt auch 'ne Schiebung. Kriegen sie Prozente für jeden, den sie reinschicken.

EDMUND *angewiderte Belustigung* Also du bist wirklich das Letzte. Du erzählst noch mal dem Jüngsten Gericht, es wär bestochen.

JAMIE Isses ja auch. 'n Silberling für den Richter, und alles ist geritzt – wer pleite ist, fährt in die Hölle!

Lächelt stolz über die Lästerung. Edmund muß lachen. Jamie im ~~gleichen~~ *selben Ton weiter*

Daher tu Geld in deinen Beutel. Ganz heißer Tip. *Selbstspott* Mein großes Erfolgsrezept. Du siehst ja, wie weit es mich gebracht hat.

Er läßt Edmunds Hand los, um sich ein ~~großes~~ volles *Glas einzugießen und schüttet es hinunter. Er schaut Edmund verschwommen-liebevoll ins Gesicht, ergreift wieder seine Hand. Mit schwerer Zunge, aber sonderbar aufrichtig und überzeugend*

Hör zu, Kleiner, du gehst jetzt bald fort. Kommen vielleicht vorher nicht mehr zum Reden. Oder ich bin nicht besoffen genug, um damit rauszurücken. Muß also jetzt sein. Ich wollt's dir schon lange mal sagen – damit du klarsichst.

Er stockt. Innerer Kampf. Edmund schaut ihn groß an, beeindruckt, aber verunsichert. Jamie gibt sich einen Ruck und legt los.

Kein versoffenes Gelaber jetzt, sondern die Wahrheit. Die spricht doch aus dem Wein. Also, nimm's lieber ernst. Wollte dich warnen vor mir. Mama und Papa haben recht. Ich hab' dich tatsächlich verdorben. Und das Schlimme dran ist, mit Absicht.

EDMUND *verunsichert* Erzähl mir jetzt nichts! Ich will nicht –

JAMIE Doch, Kleiner. Es muß sein. Weil ich wollte, daß aus dir eine Niete wird. Oder doch ein Teil von mir – ein ziemlich großer Teil sogar, der schon lange tot ist, der das Leben haßt. Ich hätte dir alles Mögliche gesagt, damit du nicht meine Fehler nachmachst. Hab ich manchmal selber dran geglaubt. Dabei wollte ich dir bloß die eigenen Fehler als das Richtige verklickern, den Suff als ein Abenteuer, die Huren nicht als arme, kranke, dumme Würmer, sondern als glitzernde Sündenengel. Die Arbeitslust als Spießermarotte. Ich wollte nicht, daß aus dir was wird und ich dann noch schlechter abschneide. Die Absicht war, daß du versagst. Alles aus Eifersucht. Pappis Liebling, Mammis Schnuckilein! *Wachsende Feindseligkeit in seinem Blick* Mama ist süchtig geworden, als du auf die Welt gekommen bist. Dafür kannst du nichts, aber verstehst du, gehaßt hab ich dich trotzdem immer dafür, du Mistkerl –!

EDMUND *fast ängstlich* Jamie! Schluß jetzt! So ein Irrsinn!

JAMIE Aber versteh mich nicht falsch. Kleiner. Ich mag dich noch mehr, als ich dich hasse. Sonst hätte ich dir das nicht gesagt. Is ja 'n Risiko dabei – daß du mich jetzt auch haßt. Und dabei hab ich nur dich. Den letzten Satz vorhin wollte ich nicht sagen, Nicht auch das noch ausgraben. Weiß nicht, was mich dazu gebracht hat. In Wirklichkeit wünsch ich dir einen Bombenerfolg. Aber sei auf der Hut, Weil ich dir einen Strich durch die Rechnung mache, wo es nur geht. Ich kann nicht anders. Ich hasse mich selber dafür. Aber ich muß mich rächen. An allen. Und vor allem an dir. Oscar Wilde war zum Schluß nur noch eine Heulsuse. Früher hat er recht gehabt:

140

»Ein Mann tötet, was er liebt.« So rum stimmt die Sache. Was von mir gestorben ist, will nicht, daß du wieder gesund wirst. Es freut sich vielleicht sogar darüber, daß es Mama wieder erwischt hat! Es braucht Gesellschaft, es will nicht die einzige Leiche bleiben, die hier herumliegt! *Hartes, gequältes Lachen*

EDMUND Jamie, komm zu dir! Du bist übergeschnappt!

JAMIE Denk drüber nach. Dann siehst du, daß ich recht habe, im Sanatorium, wenn du Zeit dazu hast. Du mußt mich verstoßen – mich zum Aussätzigen erklären – zum Toten –, sag den Leuten: »Mein Bruder? Der ist gestorben.« Und wenn du zurückkommst, sei wachsam. Da werd ich da stehen und das liebe Brüderchen willkommen heißen und dich umarmen, aber paß einmal nicht auf, und du hast das Messer im Rücken.

EDMUND Schluß, Jamie! Ich hör mir das keine Minute länger ~~mehr~~ an!

JAMIE *als hätte er nichts gehört* Also, denk an mich. Vergiß meine Warnung nicht –, wenn dir an dir was liegt. Aber ich hab dir's gesagt. Soviel muß du mir lassen. Größeres kann keines Menschen Liebe, als seinen Bruder retten vor sich selbst. *Sehr betrunken. Der Kopf sinkt ihm herunter.* Das war's, hat gut getan, endlich gebeichtet. Krieg auch Vergebung von dir, das weiß ich. Du kannst mich verstehen. Bist 'n feiner Kerl. Was'n sonst? Hab dich dazu gemacht. Also schau, daß du gesund wirst. Stirb mir nicht weg. Ich hab sonst niemand. Viel Glück. Amen.

Sein Kopf sinkt in betrunkenem Halbschlaf auf den Tisch. Edmund legt verzweifelt die Hände vors Gesicht. Tyrone kommt leise von der Veranda herein. Sein Bademantel ist vom Nebel durchnäßt, der Kragen schützend hochgeschlagen. Ernster, angewiderter und doch mitleidiger Gesichtsausdruck. Edmund bemerkt ihn nicht.

TYRONE *leise* Gott sei Dank schläft er jetzt.

Edmund schrickt hoch.

Er hat ja gar nicht mehr aufgehört. *Schlägt den Kragen*

141

zurück Wir lassen ihn lieber dort sitzen und ausschlafen.

Edmund schweigt. Tyrone, nach einem nachdenklichen Blick

Den letzten Teil habe ich mitgekriegt. Genau, was ich dir immer gesagt habe aus seinem eigenen Mund. Hoffentlich läßt du dir's jetzt eine Lehre sein.

Edmund hört weg. Tyrone mit Mitgefühl

Nimm's nicht tragisch, Junge. Er kehrt immer seine schlimmsten Seiten heraus, wenn er betrunken ist. Seine Liebe zu dir ist unverbrüchlich, das einzig Nichtverdorbene an ihm. *Verbitterter, trauriger Blick auf den daliegenden Jamie* Schöner Anblick, wahrhaftig! Mein Ältester, der meinem Namen einmal Ehre machen sollte mit seiner großen Karriere!

EDMUND *kläglich* Sei doch still, Papa, bitte!

TYRONE *gießt sich ein Glas ein* Umsonst! Eine Ruine, ein abgesoffenes Wrack, kaputt und erledigt!

Er trinkt. Jamie spürt die Anwesenheit seines Vaters. Er wird unruhig, kämpft gegen seine Benommenheit an, öffnet die Augen zu einem blinzelnden Blick. Tyrone weicht davor mit verhärtetem Gesicht zurück.

JAMIE *reckt ihm einen Finger entgegen und deklamiert in hochdramatischem Ton*

»Clarence ist da, der eidvergessne Clarence,
Der mich im Feld bei Tewksbury erstach,
Ergreift ihn, Furien! nehmt ihn auf die Folter!«

Dann verdrießlich

Was guckst du denn so komisch? *Er rezitiert ironisch das Rossetti-Gedicht.*

»Schau mich nur an. Ich heiß ›Einstmals vielleicht‹,
Man nennt mich ›Nimmermehr‹, ›Zu Spät‹, ›Lebwohl‹.«

TYRONE Das ist mir klar, und ich seh's weiß Gott nicht gerne.

EDMUND Papa! Nicht jetzt!

JAMIE *spöttisch* Papa, ich hab' die Idee für dich. Wie wär's denn mit einer Wiederaufnahme von Molières ›Geizigem‹? Für den alten Harpagnon bräuchtest du nicht lang zu proben.

Tyrone wendet sich ab und kämpft um Beherrschung.

EDMUND Ruhe!

JAMIE *höhnisch* Soll ich dir was sagen? Dein Edwin Booth hat in seinem ganzen Leben keine so gute Vorstellung gegeben wie ein dressierter Seehund. Seehunde sind kluge und ehrliche Tiere. die machen kein Gedöns mit ihrer Bühnenkunst. Die liefern ihr Kaspertheater ab gegen eine Tagesportion Heringe und basta.

TYRONE *verletzt und wutentbrannt* Du Strolch!

EDMUND Papa, schrei nicht so laut! Willst du, daß Mama herunterkommt? Und du schlaf jetzt, Jamie. Du hast jetzt genug Gift verspritzt.

Tyrone wendet sich ab.

JAMIE *schwerfällig* Okay, Kleiner. Ich will ja gar nicht streiten, Viel zu müde dazu.

Die Augen fallen ihm zu, der Kopf sinkt ihm herunter. Tyrone kommt an den Tisch, rückt den Sessel aus Jamies Blickfeld und setzt sich. Auch er wird sogleich schläfrig.

TYRONE *langsam* Wenn sie doch endlich ins Bett ginge, damit ich mich auch hinlegen kann. *Schläfrig* Ich bin hundemüde. Ich kann nicht mehr die ganze Nacht durchmachen wie früher. Ich werde alt – alt und kaputt. *Weitaufgerissenes Gähnen* Mir fallen die Augen zu. Muß eine Runde schlafen. Und du auch, Edmund. Wir wachen noch früh genug auf, wenn sie...

Seine Stimme wird unhörbar, die Augen schließen sich, der Unterkiefer sackt nach unten, und er beginnt, laut durch den Mund zu atmen. Edmund sitzt angespannt da. Er hört etwas, beugt sich beunruhigt im Sessel nach vorn und starrt durch den Salon in die Diele hinaus. Er springt mit gehetztem, verzerrtem Gesicht auf. Einen Augenblick lang will er in das Durchgangszimmer fliehen. Dann setzt er sich mit abgewandtem Blick wieder hin, die Hände um die Lehnen gekrallt. Plötzlich gehen alle fünf Lampen des Leuchters im Salon an, und gleich darauf hört man jemand die ersten Takte eines einfacheren Chopin-Walzers auf dem Klavier spielen – tastend, steif, sich verheddernd, als ob ihn eine ungeschickte Schülerin grade einübte. Tyrone fährt hoch, hellwach, ernüchtert und voller Angst, Jamie legt den Kopf zurück und öffnet die Augen. Sie lauschen wie versteinert. So unvermittelt es eingesetzt hat, hört das Klavierspiel wieder auf, und Mary erscheint in der Tür. Sie trägt einen hellblauen Morgenmantel über dem Nachthemd und zierliche Pantoffeln mit Bommeln an den unbestrumpften Füßen. Sie ist blasser denn je. Ihre Augen wirken riesig und glänzen wie geschliffenes schwarzes Glas. Das Gesicht ist unheimlich in seiner Jugendlichkeit. Alle Lebensspuren sind daraus getilgt – eine marmorne Maske mädchenhafter Unschuld mit einem starren und scheuen Lächeln auf den Lippen. Das weiße Haar hängt ihr zu zwei Zöpfen geflochten über Schultern und Brust. Achtlos, so daß es hinter ihr auf dem Boden schleift, trägt sie über dem einen Arm, als hätte sie es vergessen, ein altmodisches, mit Seidenspitze besetztes Brautkleid aus weißem Satin. Sie bleibt unentschlossen in der Tür stehen und schaut sich um, die Stirn nachdenklich in Falten gelegt, als hätte sie etwas aus dem Zimmer holen wollen, was ihr unterwegs entfallen ist. Alle drei starren sie an. Sie schenkt ihnen nicht mehr Beachtung als der Einrichtung, den Möbeln und Fenstern, von denen sie weiß, daß sie hierhergehören, aber in ihrer Abwesenheit keine Notiz davon nimmt.

JAMIE *durchbricht in bitterer, ironischer Selbstbehauptung die lastende Stille* Der Auftritt von Ophelia! Die Wahnsinnsszene.

Sein Vater und Bruder stürzen sich gleichzeitig auf ihn. Edmund kommt Tyrone zuvor und schlägt Jamie mit dem Handrücken auf den Mund.

TYRONE *zornbebende Stimme* Recht so, Edmund. Der Dreckskerl! Die eigene Mutter derart –

JAMIE *schuldbewußtes Grummeln, ohne Zorn* Okay, Kleiner. Hab'nichts anderes verdient. Wenn ich nur nicht so fest drauf vertraut hätte, diesmal... *Er legt das Gesicht in die Hände und schluchzt.*

TYRONE Dich schmeiß'ich morgen'raus, aber hochkant! *Jamies Schluchzen besänftigt ihn, er rüttelt ihn mitfühlend an der Schulter.* Jamie, bitte, wein'jetzt nicht so!
Mary setzt zur Rede an, und die drei starren sie reglos und schweigend an. Sie hat von dem Vorfall keinerlei Kenntnis genommen. Er gehört für sie in eine gewohnte, unterschwellige Familienstimmung, die sie in ihrer Abwesenheit unberührt läßt. Sie spricht laut mit sich selbst, nicht zu den andern.

MARY Ach, war das schlecht gespielt! Ich bin ganz aus der Übung. Bestimmt schimpft mich Schwester Theresa schrecklich aus. Wie rücksichtslos das gegen meinen Vater wäre, wo er doch soviel Geld für die Extrastunden ausgibt. Recht hat sie! Es ist auch rücksichtslos, und er bleibt immer weiter freigiebig und gut zu mir und dabei so stolz auf mich! Ab morgen wird jeden Tag geübt. Wenn ich nur wüßte, was mit meinen Fingern passiert ist... Schrecklich, ganz steif sind sie. *Sie hebt die Hände und betrachtet sie ängstlich und verwirrt.* Die Knöchel sind angeschwollen. Häßlich sieht das aus. Ich muß in die Krankenstube zu Schwester Martha. *Vertrauensseliges, liebevolles Lächeln* Sie ist zwar schon alt und ein bißchen wirr im Kopf, aber lieb habe ich sie trotzdem, und sie hat gegen alles was in ihrem Arzneischrank. Die gibt mir dann was zum Einreiben und sagt, ich soll zur Jungfrau beten, und im Nu ist alles wieder gut. *Sie vergißt ihre Hände und tritt ins Zimmer, das Kleid schleift hinter ihr her. Sie schaut sich unentschlossen um, die Stirn wieder nachdenklich in Falten.* Also, was wollte ich gleich wieder holen? Schrecklich, wie zerstreut ich geworden bin, so verträumt und vergeßlich.

TYRONE *erstickte Stimme* Was hat sie da über dem Arm, Edmund?

EDMUND *stumpf* Es muß das Brautkleid sein.

TYRONE Verdammt! *Er springt auf und stellt sich ihr in den Weg. Gequält* Mary! Reicht es denn nicht, daß du – *Ringt um Beherrschung. Einschmeichelnd* Komm, ich nehm's dir ab, Schatz. Du trittst sonst noch drauf. Es wird schmutzig, wenn du es so schleifen läßt. Das willst du doch nicht, oder?

Sie läßt sich das Kleid von ihm abnehmen. Ihr Blick streift ihn wie von fern, es steht kein Wiedererkennen darin, weder Zuneigung noch Feindseligkeit.

MARY *höflich wie ein wohlerzogenes junges Mädchen zu einem älteren Herrn, der ihr etwas abnimmt* Danke vielmals. Das ist sehr lieb. *Sie betrachtet das Kleid nachdenklich und aufmerksam.* Ein Brautkleid. Besonders hübsch, nicht wahr? *Eine Erinnerung huscht über ihr Gesicht. Vage beunruhigt* Ah, jetzt weiß ich's wieder. Es war in einem Schrankkoffer auf dem Dachboden weggepackt. Was wollte ich nur damit? Ich soll doch Nonne werden –, aber dazu brauche ich doch – *Sie schaut sich im Zimmer um, die Stirn wieder in Falten.* Was wollte ich suchen? Irgendwas ist mir verloren gegangen, soviel weiß ich. *Sie weicht vor Tyrone wie vor einem Hindernis zurück.*

TYRONE *aussichtsloser Appell* Mary!

Er dringt nicht bis zu ihr durch, sie hört ihn anscheinend gar nicht. Er gibt den Versuch auf und verschließt sich in sich. Der dünne Schutz seiner Betrunkenheit fällt von ihm ab. Er sinkt nüchtern und angeschlagen in den Sessel zurück, birgt das Brautkleid beschützend und mit unbewußter, unbeholfener Zärtlichkeit in seinen Armen.

JAMIE *nimmt die Hände vom Gesicht. Sein Blick bleibt auf den Tisch gesenkt. Auch er ist jetzt ernüchtert. Dumpf* Es hat keinen Zweck, Papa. *Er rezitiert eindrucksvoll, schlicht und mit trauriger Bitterkeit, Swinburnes* ›Leavetaking‹.

146

»Kommt jetzt, wir brechen auf: Sie weiß es nicht.
Zur See hin, wo die großen Winde wehn,
Voll Flugsand und voll Schaum. Wer sie erweckt?
Keiner weckt sie – weil so die Dinge gehn,
Und weil die Welt wie Tränen bitter schmeckt.
Ja, sag's ihr nur: So bitter wie Verzicht –
Sie weiß es nicht.«

MARY *sich umschauend* Etwas, was mir ganz schrecklich
fehlt. Ich kann es doch nicht ganz verloren haben! *Sie
will hinter Jamie vorbeigehen.*

JAMIE *schaut ihr ins Gesicht und kann seinerseits einen Appell an sie nicht unterdrücken* Mama! *Sie hört nichts. Er
gibt auf und wendet den Blick ab.* Ach was. Es ist alles
zwecklos. Da hilft nichts mehr. *Er rezitiert mit wachsender Bitterkeit aus dem ›Leave-taking‹.*

»Kommt jetzt, ihr Lieder, mit: Sie hört euch nicht.
Geht mit mir ohne Furcht, so lauft, lauft weit,
Und singt nicht weiter. Still jetzt, denn zerstiebt
Ist unser Glück und alle schöne Zeit.
Sie liebt uns nicht, so wie wir sie geliebt.
Und wär's ein Engel, der da zu ihr spricht,
Sie hört es nicht.«

MARY *sich umschauend* Ich brauch es unbedingt. Es hat
mir damals immer gegen die Einsamkeit und die Angst
geholfen, das weiß ich noch. Es darf nicht ganz verloren
sein. Sonst könnte ich nicht weiterleben. Dann hätte ich
keine Hoffnung mehr. *Sie geht wie eine Schlafwandlerin
hinter Jamie vorbei, dann vorn um den Tisch, und bleibt
hinter Edmund stehen.*

EDMUND *wendet sich impulsiv um und greift nach ihrem
Arm. Sein Appell klingt wie der eines verwirrten und verletzten kleinen Jungen.* Mama! Ich habe keine Sommergrippe! Es ist die Schwindsucht!

MARY *Der Satz dringt einen Augenblick zu ihr durch. Sie zittert, Entsetzen steht auf ihrem Gesicht. Dann, als riefe sie
sich zur Ordnung* Nein! *Sogleich wieder ganz entfernt.
Sanftes, aber an niemand gerichtetes Gemurmel* Ihr sollt

mich jetzt nicht anrühren. Ihr sollt mich nicht festhalten.
Das ist nicht recht von euch, ich will doch Nonne werden.

*Edmunds Hand fällt von ihrem Arm. Sie geht nach rechts
zum Sofa unter der Fensterreihe und setzt sich auf das
vordere Eck, das Gesicht nach vorn gewendet, die Hände
im Schoß, zurückhaltend wie ein Schulmädchen.*

JAMIE *mit einem aus Mitleid und eifersüchtiger Schaden-
freude gemischten Blick auf Edmund* Du Idiot, laß das.
Es hat keinen Zweck. *Er rezitiert weiter.*

»Kommt, laßt uns fort, hinweg: Sie sieht uns nicht.
Singt ihr noch einmal auf, denn das wird ihr
Gewiß ein Echo sein aus unserer Zeit von einst.
Seht, wie sie, halb sich wendend, seufzt. Doch wir,
Wir sind schon weit. Es hilft nichts, daß du weinst,
Nein, nein, und wenn es dir die Seele bricht,
Sie sieht es nicht.«

TYRONE *um seine entmutigte Benommenheit abzuschütteln*
Ach was, das hat alles nichts zu sagen. Es redet doch nur
das Gift aus ihr. Aber so tief hat sie sich noch niemals
fallenlassen. *Barsch* Gib die Pulle rüber, Jamie. Und hör
auf mit diesem dekadenten Geleier. Ich will's nun mal
nicht hören.

*Jamie schiebt ihm die Flasche zu. Er gießt sich ein, aber
achtet sorgsam darauf, daß das Kleid über seinen Armen
und in seinem Schoß dabei nicht verrutscht. Er schiebt die
Flasche zurück. Auch Jamie gießt sich ein und gibt die
Flasche an Edmund weiter, der sich gleichfalls ein-
schenkt. Tyrone hebt sein Glas, die Söhne prosten ihm
mechanisch zu, aber bevor sie zum Trinken kommen,
spricht Mary weiter, und sie stellen selbstvergessen ihre
Gläser langsam auf den Tisch.*

MARY *starrer, träumerischer Blick, das Gesicht überaus ju-
gendlich und unschuldig. Ein scheues, eifriges, zutrau-
liches Lächeln begleitet ihr lautes Selbstgespräch.* Ich habe
mich mit Schwester Elisabeth ausgesprochen. Sie ist eine
so klare, gute Seele, eine wahre Heilige. Ich habe sie

sehr lieb – lieber als meine Mutter, auch wenn es sündig ist, so zu reden. Aber sie versteht einen, man braucht ihr gar nichts zu erklären. Sie kann den Menschen direkt ins Herz schauen mit ihren freundlichen blauen Augen. Vor ihr kann man nichts vertuschen. Da kann einer noch so arglistig sein, sie merkt es. *Sie wirft den Kopf eigensinnig zurück. Mädchenhafter Unwillen* Aber diesmal war sie nicht sehr verständnisvoll, muß ich sagen. Ich habe ihr erzählt, daß ich Nonne werden will. Und wie überzeugt ich von meiner Berufung bin, denn ich hätte zur Heiligen Jungfrau gebetet, um sicher zu gehen, daß sie mich auch für würdig hält. Und daß mir eine Erscheinung zuteilgeworden ist vor dem Altar von Unserer Lieben Frau von Lourdes auf der kleinen Seeinsel. So gewiß wie ich dort kniete, hat mir da die Jungfrau zugelächelt und mir ihren Segen zu meinem Entschluß gegeben. Aber Schwester Elisabeth hat gemeint, das genüge alles nicht, ich müsse schon beweisen, daß es nicht nur eine Einbildung gewesen sei. Wenn ich so überzeugt sei, dann hätte ich doch sicher nichts gegen eine Prüfungszeit. Ich solle leben wie andere junge Mädchen auch, auf Parties gehen und tanzen und mich vergnügen, und wenn ich in zwei Jahren dann noch immer nicht schwanke, dann solle ich wiederkommen, und wir könnten noch mal darüber reden. *Wirft den Kopf zurück. Entrüstet* Nicht im Traum hätte ich mir von der Schwester Oberin einen solchen Rat erwartet! Es war wie ein Schock für mich. Ich antwortete, selbstverständlich wollte ich mich in allem nach ihr richten, aber ich hielte das für eine bloße Zeitverschwendung. Ich war ganz durcheinander nach der Unterhaltung, und erst vor dem Altar der Heiligen Jungfrau fand ich meinen Seelenfrieden wieder, denn ich wußte, daß sie mein Gebet erhörte und mich liebhatte und daß mir nichts mehr zustoßen konnte, solange ich mir meinen Glauben bewahrte. *Wachsende innere Unrast. Sie fährt sich mit der Hand über die Stirn, wie um einen Gedanken zu verjagen. Unbestimmt* Das war im

149

Winter von meinem Abschlußjahr. Aber im Frühjahr darauf ist doch etwas passiert? Ja, richtig. Ich habe mich in James Tyrone verliebt und war überglücklich, eine Zeitlang.

Sie starrt in traurige Träume versunken, vor sich hin. Tyrone rückt sich im Sessel zurecht. Edmund und Jamie bleiben reglos sitzen.

Vorhang

Den amerikanischen Ausgaben des Stücks ist folgende Widmung vorangestellt:

Für Carlotta, an unserem 12. Hochzeitstag

Liebste, hier die Handschrift meines Stücks über einen Schmerz aus alten Tagen, mit Blut und Tränen geschrieben. Eine vielleicht traurige und unangemessene Gabe in fremden Augen, zum Jubiläum eines Glückstags. Du aber wirst verstehen, daß sie Dir zum Dank für Deine Zärtlichkeit und Liebe zugedacht ist, ohne die ich die Zuversicht und das Vertrauen nie gefunden hätte, mich meinen Toten noch einmal zuzuwenden, und das Geisterhaus der Tyrones mit tiefem Mitleid und Verständnis neu aufleben zu lassen und allen seinen vier Bewohnern zu vergeben. Die zwölf Jahre mit Dir, Du meine Einzige, sind eine Reise in das Licht gewesen, und in die Liebe. Du kennst mein Herz! Und meine Dankbarkeit.
Gene
Tao House,
22. Juli 1941

Theater Funk Fernsehen

Fischer

Eugene O'Neill
Fast ein Poet

Theater Funk Fernsehen

Bd. 7151

Fischer Taschenbuch Verlag

fi 751/1

Theater Funk Fernsehen

Bd. 7095

Bd. 7116

Bd. 7097

Bd. 7108

Fischer Taschenbuch Verlag

fi 752/1

Theater Funk Fernsehen

Bd. 7110

Bd. 7072

Bd. 7098

Bd. 7120

Bd. 7109

Fischer Taschenbuch Verlag

fi 753/1

REGIE IM THEATER

Mechthild Lange
Peter Zadek
Herausgegeben von Claudia Balk
Fischer Taschenbuch Band 7125

Peter Zadek ist eine der schillerndsten Persönlichkeiten unter den deutschen Regisseuren der letzten Jahrzehnte.
Ihm ist das Buch der Journalistin Mechthild Lange gewidmet, die zur Zeit als leitende Dramaturgin am Deutschen Schauspielhaus in Hamburg tätig ist.
Aus Interviews mit Peter Zadek und einigen seiner Mitarbeiter sowie Essays hat die Autorin ein vielschichtiges Porträt des Regisseurs zusammengestellt.

fi 755/2

REGIE IM THEATER

Uwe B. Carstensen
Klaus Michael Grüber
Herausgegeben von Claudia Balk
Fischer Taschenbuch Band 7121

Klaus Michael Grübers hochartifiziellen Inszenierungen wird mythische Kraft zugeschrieben. Sein Name ist eng mit der Berliner Schaubühne verbunden.
In diesem Band hat Uwe B. Carstensen, der Klaus Michael Grübers Inszenierung von »Bantam« in München 1986 betreut hat, Interviews mit dem Regisseur und einigen seiner Mitarbeiter sowie zwei sich ergänzenden Essays zu einem Porträt zusammengefaßt.

fi 756/3

REGIE IM THEATER

Olivier Ortolani
Peter Brook
Herausgegeben von Claudia Balk
Fischer Taschenbuch Band 7122

Peter Brook gilt als einer der Väter des modernen europäischen Theaters. Durch seine Fähigkeit, nicht in einmal gefundenen Formen zu erstarren, ist er auch noch 1988 ein Neuerer der Szene, von dem zahlreiche Impulse ausgehen. Der Autor, Olivier Ortolani, Dramaturg und Mitarbeiter von »Theater heute«, hat durch Interviews mit Peter Brook und seinen Mitarbeitern sowie zwei ergänzenden Essays den Regisseur facettenreich porträtiert.

REGIE IM THEATER

Günther Erken
Hansgünther Heyme
Herausgegeben von Claudia Balk
Fischer Taschenbuch Band 7124

Hansgünther Heyme ist einer der wenigen Regisseure, die bereits seit mehreren Jahrzehnten die bundesdeutsche Theatergeschichte nachhaltig beeinflussen und prägen. Sein Name ist untrennbar verbunden mit politisch engagiertem Theater und innovativen Klassikerinszenierungen. Der Theaterwissenschaftler Günther Erken hat Interviews mit Heyme und drei langjährig mit ihm verbundenen Bühnenkünstlern sowie einige Essays von Heymes Mitarbeitern zu einem Porträt zusammengestellt.

fi 1115/1

Theater Funk Fernsehen

viele Künste kann der Teufel

aber singen kann er nicht

Bd. 7118

Fischer Taschenbuch Verlag

fi 1117/1